José Ortega y Gasset   Der Aufstand der Massen

José Ortega y Gasset

Der Aufstand der Massen

Nachwort von Michael Stürmer

Büchergilde Gutenberg

Inhaltsverzeichnis

I

Die Tatsache der Überfüllung

Es gibt eine Tatsache, die das öffentliche Leben Europas in der gegenwärtigen Stunde – sei es zum Guten, sei es zum Bösen – entscheidend bestimmt: das Heraufkommen der Massen zur vollen sozialen Macht. Da die Massen ihrem Wesen nach ihr eigenes Dasein nicht lenken können noch dürfen und noch weniger imstande sind, die Gemeinschaft zu regieren, ist damit gesagt, daß Europa heute in einer der schwersten Krisen steht, die über Völker, Nationen, Kulturen kommen kann. Eine Krise solcher Art ist mehr als einmal in der Geschichte eingetreten. Ihre Kennzeichen und Folgen sind bekannt. Sie heißt der Aufstand der Massen.

Zum Verständnis des ungeheuren Vorgangs ist es gut, daß man von vornherein vermeidet, den Worten »Aufstand«, »Massen«, »soziale Macht« einen ausschließlich oder vorzüglich politischen Sinn beizulegen. Das öffentliche Leben ist nicht nur politisch, es ist zugleich, ja zuvor geistig, sittlich, wirtschaftlich, religiös; es umfaßt alle Kollektivbräuche und schließt die Art der Kleidung wie des Genießens ein.

Wir nähern uns dieser historischen Erscheinung vielleicht am besten, wenn wir uns auf eine visuelle Erfahrung stützen und einen Zug unserer Zeit herausheben, der »mit Augen zu sehen« ist.

Es ist leicht aufzuweisen, wenn auch nicht leicht zu analysieren; ich nenne ihn die Tatsache der Anhäufungen, der Überfüllung. Die Städte sind überfüllt mit Menschen, die Häuser mit Mietern, die Hotels mit Gästen, die Züge mit Reisenden, die Cafés mit Besuchern; es gibt zu viele Passanten auf der Straße, zu viele Patienten in den Wartezimmern berühmter Ärzte; Theater und Kinos, wenn sie nicht ganz unzeitgemäß sind, wimmeln von Zuschauern, die Badeorte von Sommerfrischlern. Was früher kein Problem war, ist es jetzt unausgesetzt: einen Platz zu finden.

Das ist alles. Gibt es ein einfacheres, bekannteres, alltäglicheres Vorkommnis in unserem Leben? Wir wollen jetzt durch die Oberfläche dieser schlichten Tatsache hindurchstoßen und werden überrascht aus ihr einen Springquell aufsteigen sehen, der das weiße Licht des Tages, dieses gegenwärtigen Tages, zu dem ganzen Reichtum seines verborgenen Farbenspiels zerbricht.

Was wir sehen, und woher unsere Überraschung? Wir sehen die Menge als solche im Besitz der von der Zivilisation geschaffenen Einrichtungen und Geräte. Doch kaum haben wir uns ein wenig bedacht, so überrascht uns unsere Überraschung. Wie denn? Ist nicht dies der Idealzustand? Die Eisenbahn hat ihre Sitze, das Theater seine Plätze, das Hotel seine Zimmer, damit sie besetzt werden. Zweifellos; dennoch ist es Tatsache, daß früher solche Anstalten und Verkehrsmittel nicht voll zu sein pflegten, während sie heute die Fülle nicht fassen und Menschen, die sich gerne ihrer bedienten, umkehren müssen. So folgerichtig und natürlich die Erscheinung aussieht, es läßt sich nicht leugnen, daß sie bisher unbekannt war, daß somit ein Wechsel, eine Veränderung vorgefallen ist, die unser Erstaunen wenigstens im ersten Augenblick rechtfertigt.

Überraschung, Verwunderung sind der Anfang des Begreifens. Sie sind der eigenste Sport und Luxus des geistigen Menschen. Darum ist seine Zunftgebärde, die Welt aus staunend geweiteten Augen zu betrachten. Alles in der Welt ist merkwürdig und wunderbar für ein paar wohl geöffnete Augen. Dies eben, das Sichwundern, ist eine Götterfreude, die dem Fußballspieler versagt ist, den Denker aber im unaufhörlichen Rausch des Schauenden durch die Welt treibt. Sein Zeichen sind die starrenden Augen. Darum gaben die Alten Minerven die Eule bei, den Vogel, der immer geblendet ist.

Menschenansammlungen, Überfülltheit waren früher nicht häufig. Warum sind sie es jetzt?

Diese Mengen sind nicht aus dem Nichts aufgetaucht. Es leben heute ungefähr ebenso viele Menschen wie vor fünfzehn Jahren. Nach dem Kriege hätte die Zahl eher abnehmen sollen. Hier stoßen wir auf die erste wichtige Bemerkung. Die Individuen, die diese Menge bilden, gab es vorher, aber nicht als Menge. In kleinen Gruppen oder einzeln über die Welt verteilt, führten sie offenbar ein uneiniges, ungeselltes, getrenntes Leben. Ein jeder – Individuum oder kleine Gruppe – nahm einen Platz, vielleicht seinen eigenen, auf dem Lande, im Dorf, in der Stadt, im Großstadtviertel ein. Jetzt plötzlich erscheinen sie zu Verbänden zusammengefaßt, und unsere Augen sehen überall nur Mengen. Überall? Nein; gerade an den vornehmsten Stellen, die, als verhältnismäßig verfeinerte Schöpfungen der menschlichen Kultur, vorher ausgewählten Gruppen, mit einem Wort den Eliten vorbehalten waren.

Die Menge ist auf einmal sichtbar geworden und nimmt die besten Plätze der Gesellschaft ein. Früher blieb sie, wenn sie vorhanden war, unbemerkt; sie stand im Hintergrund der sozialen Szene. Jetzt hat sie sich an die Rampe vorgeschoben; sie ist Hauptperson geworden. Es gibt keinen Helden mehr; es gibt nur noch den Chor.

Der Begriff der Menge ist quantitativ und visuell. Wir wollen ihn, ohne ihn zu verändern, in die soziologische Terminologie übertragen. Dann kommen wir zu dem Begriff der sozialen Masse. Die Gesellschaft ist immer eine dynamische Einheit zweier Faktoren, der Eliten und der Massen. Die Eliten sind Individuen oder Individuengruppen von spezieller Qualifikation; die Masse ist die Gesamtheit der nicht besonders Qualifizierten. Man verstehe darum unter Masse nicht nur und nicht in erster Linie die »Arbeitermassen«. Masse ist der Durchschnittsmensch. So verwandelt sich, was vorher nur Anzahl war – die Menge –, in eine Beschaffenheit: die allen gemeine Beschaffenheit nämlich; das sozial Ungeprägte; der Mensch, insofern er sich nicht von anderen Menschen abhebt, sondern einen generellen Typus in sich wiederholt. Was haben wir mit dieser Verwandlung einer Quantität in eine Qualität gewonnen? Sehr einfach: mit Hilfe dieser wird uns der Ursprung jener klar. Es ist einleuchtend, ja trivial, daß die Entstehung einer Menge normalerweise Übereinstimmung der Wünsche, Ideen, Lebensformen bei den Individuen voraussetzt, die zu ihr gehören.

Man wird sagen, daß dies bei jeder gesellschaftlichen Gruppe der Fall ist, so exklusiv sie immer sei. Allerdings, aber mit einem wesentlichen Unterschied. Bei den Gruppen, die als auserlesene gekennzeichnet sind, erstreckt sich die tatsächliche Übereinstimmung ihrer Mitglieder auf einen Wunsch, eine Idee, ein Ideal, das vermöge seines eigenen Wesens die große Zahl ausschließt. Um eine Elite, sei sie wie immer, zu bilden, ist es notwendig, daß sich zuvor jeder einzelne aus *besonderen*, verhältnismäßig persönlichen Gründen von der Menge trennt. Sein Anschluß an die Gruppe ist sekundär und nachträglich gegenüber der Tatsache, daß er sich vereinzelt hat, und geschieht darum zum guten Teil aus Übereinstimmung im Nicht-Übereinstimmen. Es gibt Fälle, in denen der distanzierende Charakter der Gruppe offen zutage tritt; etwa bei den englischen Sekten, die sich »Non-conformists« nennen, das heißt Gemeinschaft derjenigen, die einander nur in bezug auf ihre Meinungsverschiedenheit mit der großen Masse gleichen. Dieser eigentümliche Zug, daß die wenigen sich zusammentun, gerade um sich von den vielen zu trennen, haftet der Bildung jeder Elite an. Mallarmé, als er einmal von dem spärlichen Publikum sprach, das einem erlesenen Musiker zuhörte, sagte mit Feinheit, jenes Publikum betone durch die kleine Zahl der Anwesenden die große Menge der Abwesenden.

Strenggenommen läßt sich das Masse-sein als psychische Tatsache definieren, ohne daß dazu die Individuen in Mengen auftreten müßten. Man kann von einer einzigen Person wissen, ob sie Masse ist oder nicht. Masse ist jeder, der sich nicht selbst aus besonderen Gründen – im Guten oder im Bösen – einen besonderen Wert beimißt, sondern sich schlechtweg für Durchschnitt hält, und dem doch nicht schaudert, der sich in seiner Haut wohl fühlt, wenn er merkt, daß er ist wie alle. Man stelle sich vor, ein einfacher Mensch würde sich fragen, ob ihn besondere Eigenschaften auszeichnen, ob er für dies oder das Talent hat, ob er irgendwie hervorragt, und er müßte sich gestehen, daß er in keinem Betracht ungewöhnlich ist. Dieser Mensch wird sich mittelmäßig und alltäglich, schlecht begabt vorkommen; aber er wird sich nicht als Masse fühlen.

Wenn von auserwählten Gruppen die Rede ist, pflegt gewohnheitsmäßige Heuchelei den Sinn dieses Wortes zu verdrehen, indem sie tut, als sei ihr unbekannt, daß nicht der Anmaßende, der sich den anderen überlegen glaubt, der auserwählte Mensch ist, sondern jener, der mehr von sich fordert als die anderen, auch wenn er in seiner Person diese höheren Forderungen nicht zu erfüllen vermag. Man kann die Menschheit einteilen – und diese Unterscheidung trifft etwas sehr Wesentliches – in solche, die viel von sich fordern und sich selbst mit Schwierigkeiten beladen, und andere, die nichts Besonderes von sich fordern, die sich begnügen, von einem Augenblick zum andern zu bleiben, was sie schon sind, ohne Drang über sich hinaus – Bojen, die im Winde treiben.

Das erinnert mich daran, daß der orthodoxe Buddhismus zwei verschiedene Religionen kennt, eine strenger und tiefer, bequemer und platter die andere: den Mahayana – großer Wagen oder große Bahn – und den Hinayana – kleiner Wagen, unterer Weg. Das Entscheidende ist, ob wir unser Leben auf den einen oder anderen Wagen stellen, auf möglichst viel oder möglichst wenig Ansprüche.

Die Einteilung der Gesellschaft in Masse und Elite ist daher keine Einteilung nach sozialen, sondern nach menschlichen Kategorien; sie braucht nicht mit der Rangordnung der höheren und niederen Klassen zusammenzufallen. Es ist klar, daß man in den höheren Klassen, wenn sie es gerade geworden sind und solange sie es in Wahrheit sind, mit mehr Wahrscheinlichkeit Menschen findet, welche den »großen Wagen« erwählt haben, während sich die niederen normalerweise aus undifferenzierten Individuen zusammensetzen werden. Aber strenggenommen gibt es in jeder sozialen Klasse eine echte Masse und eine echte Elite. Wie wir später sehen werden, ist die Vorherrschaft der Masse und des Gewöhnlichen selbst in den Gruppen von exklusiver Tradition ein Merkmal unserer Zeit. So macht sich im geistigen Leben, das seinem innersten Wesen nach spezielle Gaben fordert und voraussetzt, der zunehmende Triumph der unqualifizierten, unqualifizierbaren und durch ihre besondere Anlage gerade nicht qualifizierten Pseudointellektuellen geltend. Ebenso in den noch erhaltenen Gruppen des »Adels« bei Männern und Frauen. Dagegen findet man heute nicht selten unter den Arbeitern, die sonst als reinstes Beispiel dessen gelten konnten, was wir Masse genannt haben, Menschen von hervorragender seelischer Zucht.

Es gibt aber in der Gesellschaft Geschäfte, Tätigkeiten, Ämter verschiedenster Art, die ihrer inneren Natur nach speziell sind und sonach nur von einer ebenfalls speziellen Begabung gut besorgt werden können. Zum Beispiel gewisse Lebens- und Kunstgenüsse, oder auch die Aufgaben der Regierung und des politischen Urteils über öffentliche Angelegenheiten. Früher wurden solche Spezialberufe von berufenen – wenigstens dem

Anspruch nach dazu berufenen – Minderheiten ausgeübt. Die Masse verlangte keinen Anteil daran; sie verhehlte nicht, daß sie, wenn sie sich einmischen wollte, auch jene besonderen Fertigkeiten erwerben, das heißt aufhören mußte, Masse zu sein. Sie kannte ihre Rolle in einem gesunden sozialen Kräftespiel.

Wenn wir nun auf die zu Anfang ausgesprochenen Tatsachen zurückkommen, so werden wir in ihnen unzweideutige Anzeichen für einen Haltungswechsel der Masse erkennen. Es geht aus ihnen hervor, daß die Masse entschlossen in den Vordergrund der Gesellschaft vorrückt; sie besetzt die Lokale, benutzt die Geräte, genießt die Vergnügungen, die ehedem nur den wenigen zustanden. Daß zum Beispiel die Lokale nicht für die Massen bestimmt waren, ist klar, denn sie sind viel zu klein; das Volk überbordet sie beständig und demonstriert damit ad oculos, in der anschaulichsten Weise, die neue Tatsache, daß sich die Masse, ohne daß sie aufhörte, Masse zu sein, an die Stelle der Eliten setzt.

Gewiß wird es niemand beklagen, daß die Leute sich in größerer Zahl und höherem Maße amüsieren, wenn sie nun einmal Lust und Mittel dazu haben. Schlimm ist nur, daß diese Usurpation sich nicht allein im Bereich der Vergnügungen abspielt und abspielen kann, sondern eine allgemeine Haltung der Zeit ist. So glaube ich – vorwegnehmend, was wir später sehen werden –, daß die politischen Umwälzungen der jüngsten Jahre nichts anderes als ein Imperium der Massen bedeuten. Die alte Demokratie wurde durch eine kräftige Dosis Liberalismus und Verehrung für das Gesetz gemildert. Wer diesen Grundsätzen diente, war verpflichtet, bei sich selber eine strenge Zucht aufrechtzuerhalten. Unter dem Schutz des liberalen Prinzips und der Rechtsnorm konnten die Minoritäten leben und wirken. Demokratie und Gesetz, legale Lebensgemeinschaft, waren Synonyma. Heute wohnen wir dem Triumph einer Überdemokratie bei, in der die Masse direkt handelt, ohne Gesetz, und dem Gemeinwesen durch das Mittel des materiellen Drucks ihre Wünsche und Geschmacksrichtungen aufzwingt. Es ist falsch, die neue Lage so zu deuten, als sei die Masse der Politik überdrüssig und betraue spezielle Personen mit ihrer Ausübung. Das war früher der Fall, und das war die Demokratie. Damals war die Masse überzeugt, daß schließlich und endlich trotz all ihrer Fehler und Mängel die Politiker etwas mehr von den öffentlichen Fragen verstünden als sie. Jetzt dagegen glaubt sie, es sei ihr gutes Recht, ihre Stammtischweisheiten durchzudrücken und mit Gesetzeskraft auszustatten. Ich bezweifle, daß es noch eine geschichtliche Epoche gegeben hat, in der die Masse so umweglos regierte wie in unserer Zeit. Darum spreche ich von einer Hyperdemokratie.

Dasselbe geschieht auf den übrigen Gebieten, ganz besonders auf dem intellektuellen. Vielleicht unterliege ich einem Irrtum; aber der Schriftsteller, wenn er die Feder zur Hand nimmt, um über einen Gegenstand zu schreiben, den er lange erwogen hat, kann nicht umhin, zu denken, daß mittelmäßige Leser, die sich nie mit diesen Fragen beschäftigten, wenn sie ihn lesen, es nicht tun, um etwas von ihm zu lernen, sondern im Gegenteil, um über ihn abzuurteilen, sobald er nicht mit den Plattheiten übereinstimmt, die sie im Kopf haben. Wenn die einzelnen, aus denen die Masse besteht, sich für besonders begabt hielten, hätten wir es nur mit einem Fall persönlicher Täuschung, aber nicht mit einer soziologischen Umwälzung zu tun. *Charakteristisch für den gegenwärtigen Augenblick ist es jedoch, daß die gewöhnliche Seele sich über ihre Gewöhnlichkeit klar ist, aber die Unverfrorenheit besitzt, für das Recht der Gewöhnlichkeit einzutreten und es überall einzusetzen.* Wie es in Nordamerika heißt: Anderssein ist unanständig. Die Masse vernichtet alles, was anders, was ausgezeichnet, persönlich, eigenbegabt und erlesen ist. Wer nicht »wie alle« ist, wer nicht »wie alle« denkt, läuft Gefahr, ausgeschaltet zu werden. Und es ist klar, daß »alle« eben nicht alle sind. »Alle« waren normalerweise die komplexe Einheit aus Masse und andersdenkenden, besonderen Eliten. Heute sind »alle« nur noch die Masse.

II
Das Steigen des historischen Niveaus

DIES IST DIE ungeheure Tatsache unserer Zeit, geschildert ohne Beschönigung ihres brutalen Aussehens. Sie ist überdies eine beispiellose Neuheit in der Geschichte unserer Zivilisation, die in ihrem ganzen Verlauf nichts Ähnliches aufzuweisen hat. Sollten wir ein Analogon dafür finden, so müßten wir in einen von dem unseren völlig verschiedenen Lebenskreis eintauchen; wir hätten uns in die antike Welt und in die Stunde ihres Niedergangs zu versetzen. Auch die Geschichte des römischen Reiches ist die Geschichte der Erhebung und Herrschaft der Massen, welche die führenden Minderheiten absorbieren und auflösen, um selbst ihre Stelle einzunehmen. In jener Zeit tritt gleichfalls die Erscheinung der Ansammlungen, der Überfüllung auf. Sie mußte darum, wie Spengler sehr gut beobachtet hat, nicht anders als unsere eigene, kolossale Bauten aufführen. Das Zeitalter der Massen ist das Zeitalter des Massigen.[1]

---

1 Das Bedenkliche an diesem Vorgang war, daß gleichzeitig mit der Entstehung solcher Zusammenballungen die Entvölkerung des platten Landes einsetzte, notwendig herbeigeführt durch den absoluten Rückgang der Einwohnerzahl des Reiches.

Wir leben unter der brutalen Herrschaft der Massen. Ausgezeichnet; schon zweimal haben wir diese Herrschaft »brutal« genannt; dem Gott der Gemeinplätze wäre sein Tribut entrichtet; das Billett in der Hand, könnten wir nun wohlgemut weiter in den Gegenstand eindringen und uns das Schauspiel von drinnen betrachten. Oder glaubte man, ich würde mich mit dieser vielleicht treffenden, aber äußerlichen Beschreibung begnügen, die nur die Ansicht, die Seite wiedergibt, unter welcher sich die gewaltige Tatsache von der Vergangenheit her darstellt? Wenn ich an dieser Stelle das Thema verließe und meine Untersuchung ohne weiteres abbräche, bliebe dem Leser sehr zu Recht der Eindruck, daß mir das fabelhafte Heraufkommen der Masse an die Oberfläche der Geschichte nichts als ein paar übellaunige und verächtliche Vokabeln, ein Quentchen Abscheu und ein wenig Widerwillen entlockte, mir, der bekanntlich für eine radikal aristokratische Deutung der Geschichte eintritt. Radikal aristokratisch; denn ich habe nicht gesagt, daß die menschliche Gesellschaft aristokratisch sein *soll.* Ich habe vielmehr gesagt und halte mit immer stärkerer Überzeugung daran fest, daß die menschliche Gesellschaft, ob sie will oder nicht, durch ihr Wesen selbst aristokratisch *ist,* und das so unentrinnbar, daß sie genau so sehr Gesellschaft ist, wie sie aristokratisch ist, und aufhört, es zu sein, in dem Maße, wie sie diesen Charakter verliert. Wohl verstanden, ich spreche von der Gesellschaft, nicht vom Staat. Kein Mensch kann meinen, daß es angesichts dieses gewaltigen Aufbäumens der Massen aristokratisch wäre, sich mit einem kurzen, gezierten Achselzucken zu begnügen wie ein Kavalier aus Versailles. Versailles – man verstehe recht, das Versailles des gezierten Achselzuckens – ist nicht aristokratisch; es ist das gerade Gegenteil: es ist der Tod und die Verwesung einer herrlichen Aristokratie. Wahrhaft aristokratisch war an jenen Geschöpfen nur noch die anmutige Würde, mit der sie auf ihrem Hals den Besuch der Giullotine zu empfangen verstanden; sie empfingen sie wie die Geschwulst das Messer. Nein, wer die hohe Aufgabe der Aristokratien fühlt, wird durch das Schauspiel der Masse gespornt und entflammt wie der Bildhauer von der Gegenwart jungfräulichen Marmors. Die echte Aristokratie einer Gesellschaft gleicht in nichts jener beschränkten Gruppe, die den Namen der »Gesellschaft« für sich allein in Anspruch nimmt, die sich selbst »die Gesellschaft« nennt und schlechthin davon lebt, sich einzuladen oder nicht einzuladen. Da alles in der Welt seine Tugend und Bestimmung hat, kommt in unserer großen Welt auch dieser kleinen »eleganten Welt« die ihrige zu, aber sie ist sehr untergeordnet und nicht zu vergleichen mit den herkulischen Geschäften der echten Aristokratien. Ich hätte nichts dagegen, über den Sinn des scheinbar so sinnlosen Lebens dieser Eleganten zu sprechen; aber unser Gegenstand ist jetzt ein anderer, von größeren Verhältnissen. Denn auch diese vornehme Gesellschaft selbst geht offenbar mit der Zeit. Eine tonangebende junge Dame, ganz Jugend und Gegenwart, ein Stern erster Größe am Zodiakus der Madrider Eleganz, machte mich sehr nachdenklich, da sie zu mir sagte: »Ich mag keinen Ball, zu dem nicht mindestens achthundert Personen geladen sind.« Aus dieser Äußerung sah ich, daß der Stil der Massen jetzt in allen Lebensschichten triumphiert und sich selbst an jenen äußersten Enden durchsetzt, die den happy few vorbehalten schienen.

Ich lehne darum jede Interpretation unserer Zeit, die den positiven Sinn hinter der Herrschaft der Massen übersieht, genauso ab wie alle jene Deutungen, welche diese Herrschaft friedlich und unbesorgt ohne einen Schauder des Entsetzens hinnehmen. Jedes Schicksal ist in seinem tiefsten Grund spannungs- und leidvoll. Wem nicht die Gefahr der Zeit auf den Nägeln gebrannt hat, der ist nicht ins innere Gehäuse des Schicksals gedrungen, er hat nur seine kränkliche Wange berührt. Uns bedroht die moralische Erhebung der Massen, die hemmungslos, gewalttätig, unlenkbar und zweideutig ist wie jedes Schicksal. Wohin führt sie uns? Ist sie ein radikal Böses oder ein mögliches Gut? Sie ist da, ungeheuer über unserer Zeit aufgerichtet wie ein Riese, ein kosmisches Fragezeichen, dessen ewig zweideutige Gestalt halb an Richtblock und Galgen, aber halb auch an etwas gemahnt, das sein Triumphbogen sein möchte.

Die Tatsache, die wir sezieren müssen, läßt sich unter folgenden zwei Gesichtspunkten betrachten: Erstens, die Lebensmöglichkeiten, die heute den Massen offenstehen, decken sich zum großen Teil mit denen, die früher ausschließlich den wenigen vorbehalten schienen. Zweitens, gleichzeitig lassen sich die Massen von den Eliten nicht mehr führen, sie verweigern ihnen Gehorsam, Gefolgschaft, Respekt, sie tun sie ab und nehmen selbst ihren Platz ein.

Mit der ersten Behauptung soll ausgedrückt werden, daß die Massen an den Genüssen teilhaben und sich der Geräte bedienen, die von auserwählten Gruppen erfunden wurden und früher nur diesen zu Gebote standen. Sie haben Neigungen und Bedürfnisse erworben, die bisher für verfeinert galten, weil sie das Vorrecht der wenigen waren. Ein einfaches Beispiel: 1820 gab es in Paris keine zehn Badezimmer in Privathäusern; man lese daraufhin die Memoiren der Comtesse de Boigne. Aber mehr noch: die Massen kennen und üben heute viele Techniken verhältnismäßig gut, die früher nur Einzelne handhabten.

Und nicht nur materielle, sondern, was wichtiger ist, auch politische und soziale Techniken. Im 18. Jahrhundert machten gewisse kleine Gruppen die Entdeckung, daß jedes menschliche Wesen vermöge der bloßen Tatsache seiner Geburt und ohne die Notwendigkeit irgendwelcher besonderen Befähigung gewisse grundlegende politische Rechte, die sogenannten Menschen- und Bürgerrechte, besitze und daß strenggenommen diese allen gemeinsamen Rechte die einzigen seien, die es überhaupt gebe. Jedes andere Recht, das sich an besondere Gaben heftet, wurde als Vorrecht verdammt. Es war dies zunächst ein bloßer Lehrsatz und Einfall einiger weniger; dann begannen diese wenigen, von ihrer Idee praktischen Gebrauch zu machen; sie durchzusetzen und besagte Rechte zu beanspruchen; es handelte sich um die vornehmsten Eliten. Für das Bewußtsein der Masse jedoch waren jene Rechte während des ganzen 19. Jahrhunderts, wenn sie sich auch mehr und mehr dafür als für ein Ideal begeisterte, nichts, was ihr zukam; sie übte sie nicht aus und machte sie nicht geltend; ihr Leben und ihr Gefühl von sich selbst blieb unter den demokratischen Gesetzgebungen dasselbe wie unter dem alten Regime. Das Volk – wie man es damals nannte – das Volk wußte, daß es souverän war, aber es glaubte nicht daran. Heute ist jenes Ideal Wirklichkeit geworden, noch nicht in den Gesetzgebungen, die äußerliche Schemata des öffentlichen Lebens sind, aber im Herzen jedes einzelnen, wie er immer stehen möge, einschließlich des Reaktionärs; *das heißt selbst für denjenigen, welcher die Institutionen verletzt und mit Füßen tritt, in denen jene Rechte anerkannt werden.* Wer die wunderliche sittliche Lage der Massen nicht erfaßt hat, kann nach meiner Meinung nichts von dem verstehen, was heute in der Welt geschieht. Die Souveränität des unqualifizierten Individuums, des Menschen als solchem, die früher eine Idee oder ein legislatives Ideal war, ist jetzt als wesentlicher Inhalt in das Bewußtsein des Durchschnittsmenschen eingegangen. Und man merke wohl: wenn etwas, das ein Ideal war, zum Bestandstück der Wirklichkeit wird, hört es unerbittlich auf, Ideal zu sein. Die Würde und magische Höhe, welche Attribut des Ideals ist und ihm seine Macht über den Menschen gibt, verfliegt. Die gleichmachenden Rechte, die jene großherzig demokratische Erleuchtung entdeckte, sind aus Zielen und Idealen Ansprüche und unbewußte Voraussetzungen geworden.

Nun wohl, jene Rechte hatten nur den einen Sinn: die Menschenseelen ihrer inneren Knechtschaft zu entreißen und in ihnen ein Gefühl der Freiheit und Würde aufzurichten. War es nicht dies, was man wollte? Dem Durchschnittsmenschen das Bewußtsein geben, daß er Herr seiner selbst und seines Lebens sei? Man hat es erreicht. Warum beklagen sich die Liberalen, die Demokraten, die Fortschrittler von vor dreißig Jahren? Sollten sie etwa wie Kinder die Sache gewollt haben, aber nicht ihre Folgen? Man wollte den Durchschnittsmenschen zum Herrn machen. Dann darf man sich nicht wundern, wenn er nach seinem eigenen Gutdünken handelt, wenn er alle Genüsse verlangt, entschlossen seinen Willen durchsetzt, jede Unterordnung verweigert und auf niemanden hört, wenn er seine Person und seine Liebhabereien pflegt und sich sorgfältig kleidet; es sind dies einige der ständigen Begleiterscheinungen des Herrenbewußtseins. Jetzt finden wir sie in dem Durchschnittsmenschen wieder.

Wir sahen, daß dem Durchschnittsmenschen heute ein vitales Repertorium zur Verfügung steht, wie es einst für die höchsten Schichten kennzeichnend war. Nun stellt aber der Durchschnittsmensch den Boden dar, über dem sich die Geschichte jedes Zeitalters bewegt; er ist in der Geschichte, was das Meeresniveau in der Geographie. Wenn also das mittlere Niveau jetzt da liegt, wohin sonst nur die Eliten gelangen, besagt das schlicht und einfach, daß sich das geschichtliche Niveau plötzlich erhöht hat – nach langen unterirdischen Vorbereitungen, aber in seinen Äußerungen plötzlich, mit einem Sprung, in einer Generation. Die menschliche Lebenshaltung als Ganzes ist gestiegen. Der Soldat von heute, möchte man sagen, hat vieles vom Hauptmann; die menschliche Heerschar besteht schon aus lauter Hauptleuten. Man braucht nur die Energie, die Entschiedenheit und Unbekümmertheit anzusehen, mit der sich heute irgendein beliebiger Mensch durch das Dasein bewegt, den Genuß, der sich bietet, ergreift und seinen Willen durchsetzt.

Alles Gute und alles Böse der Gegenwart und unmittelbaren Zukunft haben ihre Ursache und Wurzel in diesem allgemeinen Steigen des historischen Pegelstandes.

Hier öffnet sich uns ein unerwarteter Ausblick. Daß heute das mittlere Lebensniveau dem der alten Minoritäten entspricht, ist neu für Europa; aber es bestimmte von vornherein die Gestaltung Amerikas. Man denke, um ein konkretes Beispiel zu nehmen, an den Grundsatz der Gleichheit vor dem Gesetz. Das Bewußtsein, Herr seiner selbst und jedem andern gleich zu sein, ist eine Lebensstimmung, zu der in Europa nur hervorragende Gruppen gelangten; in Amerika herrscht sie seit dem 18. Jahrhundert, also praktisch von Anfang an. Und eine neue, noch merkwürdigere Übereinstimmung: Wie diese seelische Verfassung in dem europäischen Durchschnittsmenschen auftritt und seine allgemeine Lebenshaltung steigt, nimmt das Dasein auf dem Alten Kontinent in all seinen Ordnungen plötzlich eine Form und Färbung an, die viele zu der Äußerung veranlaßte, Europa amerikanisiere sich. Die das sagten, maßen der Erscheinung keine besondere Bedeutung bei; sie glaubten, es handle sich um einen leichten Wechsel der Sitten und Gebräuche, um eine Mode, die sie, durch den äußeren Anschein irregeführt, irgendeinem Einfluß Amerikas auf Europa zuschrieben. Damit hat man nach meiner Meinung die Frage verflacht, die viel verästelter, überraschender und tiefer ist.

Die Galanterie möchte mich jetzt verleiten, den Menschen über dem Meer zu sagen, Europa habe sich in der Tat amerikanisiert und es sei dies einem Einfluß Amerikas auf Europa zu danken. Doch nein, die Wahrheit kollidiert mit der Höflichkeit, und sie muß siegen. Europa hat sich nicht amerikanisiert. Es hat noch keinen nennenswerten Einfluß von Amerika empfangen. Eins wie das andere nimmt, wenn überhaupt, erst jetzt seinen Anfang; die jüngste Vergangenheit jedoch, der Keimboden der Gegenwart, weiß nichts davon. Wir stoßen hier auf ein hoffnungsloses Gewirr schiefer Vorstellungen, die uns, Amerikanern und Europäern, den Blick trüben. Der Triumph der Massen und die darauf folgende gewaltige Hebung des vitalen Niveaus sind in Europa aus inneren Gründen nach zwei Jahrhunderten fortschreitender Erziehung der Massen und einer damit gleichlaufenden wirtschaftlichen Bereicherung der Gesellschaft entstanden. Nur das Ergebnis fällt mit dem entscheidenden Zug des amerikanischen Lebens zusammen; und aus diesem Grund, weil der moralische Zustand des europäischen Durchschnittsmenschen jetzt mit dem des Amerikaners übereinstimmt, versteht er zum erstenmal das amerikanische Leben, das ihm solange dunkel und rätselhaft war. Es handelt sich also nicht um einen Einfluß, der ein wenig verwunderlich, der eher ein Rückfluß wäre, sondern um etwas, woran man am wenigsten dachte: es handelt sich um einen Ausgleich. Schon immer kam es den Europäern so vor, als ob in Amerika der durchschnittliche Lebensstandard höher wäre als auf dem Alten Kontinent. Diese nicht gerade tief eindringende, aber einleuchtende Erkenntnis gab zu der nie in Zweifel gezogenen Meinung Anlaß, daß Amerika die Zukunft sei. Man begreift, daß ein so verbreiteter und verankerter Glaube nicht in der Luft hing – wie Orchideen, die der Sage nach ohne Wurzeln im Raum wachsen. Sein Grund war eben die vage Überzeugung von einem höheren Lebensstandard jenseits des Ozeans, der übrigens im Widerspruch zu dem, am europäischen gemessen niedrigen, Niveau der amerikanischen Eliten stand. Aber die Geschichte nährt sich wie die Landwirtschaft von den Tälern und nicht von den Gipfeln, von der durchschnittlichen Höhe der Gemeinschaft und nicht von ihren Spitzen.

Wir leben in der Zeit des Ausgleichs; die Vermögen gleichen sich aus. Die Kultur der verschiedenen Gesellschaftsklassen gleicht sich aus, die Geschlechter gleichen sich aus. Nun wohl: es gleichen sich auch die Kontinente aus. Und da der Europäer vital tiefer stand, hat er bei dieser Nivellierung nur gewonnen. Von dieser Seite gesehen, bedeutet der Aufstand der Massen einen unermeßlichen Zuwachs an Lebenskraft und -möglichkeiten, gerade das Gegenteil also von dem, was wir so oft über den Niedergang Europas hören. Eine unklare und grobe Wendung, bei der man nicht recht weiß, worauf sie sich bezieht, auf die europäische Vitalität. Von den Staaten und der Kultur Europas werden wir später ein Wörtlein reden, und für sie gilt vielleicht die zitierte Wendung; was aber die Lebenskraft angeht, so müssen wir von vornherein feststellen, daß von ihrem Abstieg zu sprechen, ein krasser Irrtum wäre. Anders ausgedrückt wird meine Behauptung vielleicht überzeugender oder doch weniger unwahrscheinlich wirken; ich meine, daß sich heute ein durchschnittlicher Deutscher, Spanier, Italiener in seiner Lebensführung weniger von einem Amerikaner oder Argentinier unterscheidet als vor dreißig Jahren. Und das ist eine Tatsache, welche die Amerikaner nicht vergessen sollten.

III
Die Höhe der Zeit

Die Herrschaft der Massen hat insofern eine positive Seite, wie sie eine Hebung des gesamten historischen Niveaus bedeutet. Das Leben kann demnach – das kommt uns hiermit zum Bewußtsein – verschiedene Höhe haben, und die Redensart von der »Höhe der Zeit«, die so oft gedankenlos hingesagt wird, birgt einen guten Sinn. Wir müssen bei diesem Punkt verweilen, denn er gibt uns ein Mittel an die Hand, um einen der überraschendsten Züge unseres Jahrhunderts festzuhalten.

Man sagt etwa, daß dies oder jenes der Höhe der Zeit nicht entspricht. In der Tat; nicht die abstrakte Zeit der Chronologie, die vollkommen eben ist, wohl aber die gelebte Zeit, diejenige, welche jede Generation »ihre Zeit« nennt, hat immer eine gewisse Höhe, sie steigt oder sinkt oder bleibt auf dem Niveau von gestern. Und jedes Individuum fühlt mit größerer oder geringerer Klarheit die Beziehung, in der sein eigenes Leben zu der Höhe seiner Zeit steht. Mancher kommt sich in den gegenwärtigen Verhältnissen wie ein Wrack vor, das nicht flott werden kann. Das Tempo, in dem man heute lebt, die Unternehmungslust und Energie, mit der alles angepackt wird, beängstigen den Menschen von altertümlicher Gemütsart, und seine Angst mißt den Niveauunterschied zwischen der Höhe der Zeit und der Höhe seines Pulses. Andererseits hat jemand, der ganz und gern in den Formen der Gegenwart lebt, ein Bewußtsein von der Beziehung zwischen dem Niveau seines Jahrhunderts und dem vergangener Zeiten. Welcher Art ist diese Beziehung?

Es wäre irrig, anzunehmen, daß der Mensch einer Epoche die früheren, einfach als frühere, immer für niedriger hielte als seine eigene. Erinnern wir uns nur der Weisheit des Jorge Manrique, welcher klagte:

> Cualquiera tiempo pasado
> fué mejor.[1]

Aber auch das gilt nicht unbedingt. Es haben sich weder alle Zeiten irgendeiner vergangenen unterlegen gefühlt, noch haben sie auf alles, was war und woran sie sich erinnerten, hinuntergeblickt. Jede historische Epoche zeigt ein anderes Gefühl gegenüber dieser sonderbaren Erscheinung der vitalen Höhe, und es überrascht mich, daß Philosophen wie Historiker eine so offenkundige und belangvolle Tatsache noch immer übersehen haben.

Der Eindruck, den Jorge Manrique ausspricht, war sicher der allgemeinste, wenigstens grosso modo genommen. Die meisten Epochen dünken sich nicht anderen, älteren überlegen. Im Gegenteil, gewöhnlich vermuteten die Menschen in einer fernen Vergangenheit bessere Zeiten, ein volleres Leben. »Das goldene Zeitalter« sagen wir, die wir von Griechenland und

---

1 Anmerkung des Übersetzers: »Jede vergangene Zeit war besser.« – Jorge Manrique (1440–1478) ist berühmt durch das noch heute lebendige und viel zitierte Gedicht auf den Tod seines Vaters *Coplas de Jorge Manrique a la muerte de su padre*, dem diese Zeilen entnommen sind.

Rom erzogen sind; die »Alcheringa« sagen die australischen Wilden. Das verrät, daß solchen Zeiten ihre eigenen Lebenspulse mehr oder weniger dürftig erscheinen, zu schwach, um die Adern alle zu schwellen. Darum verehren sie die Vergangenheit, die »klassischen« Zeiten, deren Dasein ihnen kühner, reicher, edler und gefahrvoller vor Augen stand als ihr eigenes. So wächst im Rom der Kaiser seit dem Jahre 150 n. Chr. beständig der Eindruck des Schrumpfens der Lebenskräfte, des Niedergangs und Pulsverlustes. Schon Horaz hatte gesungen: Das Väteralter, schlechter als die Großväter, trug uns, die Geringeren, die wir bald eine entartete Nachkommenschaft zeugen werden (Oden III, 6).

> Aetas parentum peior avis tulit
> nos nequiores, mox daturos
> progeniem vitiosorem.

Zwei Jahrhunderte später gab es in dem ganzen Imperium nicht mehr genug Italiker, die einigermaßen zur Besetzung der Zenturionenstellen getaugt hätten; man mußte Dalmatiner und bald Barbaren von der Donau und dem Rhein für dieses Amt mieten. Indessen wurden die Weiber unfruchtbar, und Italien entvölkerte sich.

Wir wenden uns jetzt anderen Zeitaltern zu, deren Lebenseindruck dem eben geschilderten scheinbar so entgegengesetzt wie möglich ist. Es handelt sich um ein höchst sonderbares Phänomen, das zu beschreiben uns sehr am Herzen liegt. Wenn vor kaum dreißig Jahren die Politiker zu der großen Menge sprachen, pflegten sie diese oder jene Regierungsmaßnahme, diese oder jene Ausschreitung mit der Begründung zu verwerfen, daß sie nicht auf der Höhe der Zeit sei. Der gleiche Ausdruck taucht – eine bemerkenswerte Übereinstimmung – in dem berühmten Brief des Trajan an Plinius auf, wo er ihm empfiehlt, die Christen nicht auf anonyme Verdächtigungen hin zu verfolgen: Nec nostri saeculi est. Also gab es Epochen, die von sich meinten, sie seien zur letzten, endgültigen Höhe gelangt; Zeiten, in denen man sich am Ziel einer Reise wähnte, in denen eine uralte Hoffnung sich erfüllt und eine Sehnsucht gestillt wird. Dies ist die »Fülle der Zeit«, die volle Reife des geschichtlichen Lebens. Vor dreißig Jahren glaubte der Europäer in der Tat, das menschliche Dasein sei das geworden, was es sein sollte, was man seit vielen Generationen erstrebte, was es eigentlich immer hätte sein müssen. Erfüllte Zeiten fühlen sich stets als Endzustand nach vielen anderen vorbereitenden Epochen, anderen unerfüllten, tieferstehenden Zeitaltern, über denen sich diese wohlgewachsene Stunde erhebt. Von ihrer Höhe sieht es aus, als hätten jene vorbereitenden Generationen nur von Sehnsucht und gescheiterter Hoffnung gelebt; Zeiten der unbefriedigten Wünsche, der glühenden Vorläufer, des Noch-nicht, des quälenden Gegensatzes zwischen einem klar gesehenen Ziel und der Wirklichkeit, die ihm nicht entspricht. So sieht das 19. Jahrhundert das Mittelalter. Endlich erscheint ein Tag, da sich jener alte, manchmal tausendjährige Wunsch zu erfüllen scheint; die Wirklichkeit nimmt ihn auf und fügt sich ihm. Wir sind auf die Höhe gelangt, die uns vorschwebte, an das gesteckte Ziel, auf den Gipfeln der Zeit. Dem Noch-nicht ist das Endlich gefolgt.

Dies ist das Gefühl, das unsere Väter und ihr ganzes Jahrhundert von ihrem eigenen Leben hatten. Man vergesse nicht, dieser unserer Zeit ging eine Zeit der Erfüllung voraus. Darum muß, wer dem anderen Ufer, dem gerade vergangenen, gestillten Gestern verhaftet blieb und die Welt von dorther betrachtet, der optischen Täuschung unterliegen, daß ihm die Gegenwart als ein Heruntersteigen aus jener Höhe erscheint, als ein Niedergang.

Aber ein alter Liebhaber der Geschichte, ein geschworener Pulsfühler der Zeiten kann sich nicht vom Glanz dieser sogenannten Vollkommenheiten blenden lassen.

Wesentlich für die Existenz einer »erfüllten Zeit« ist es – wie wir sahen –, daß ein alter Wunsch, der sich sehnend und drängend durch die Jahrhunderte schleppte, endlich eines Tages befriedigt ist. Und in der Tat, diese erfüllten Zeiten sind zufrieden, zuweilen, wie im Fall des 19. Jahrhunderts, überzufrieden mit sich selbst.[1] Aber nun geht uns auf, daß diese Jahrhunderte, die so arriviert, so wohlgelungen waren, innerlich tot sind. *Die echte Fülle des Lebens besteht nicht in der Zufriedenheit, der Wohlgelungenheit, der Ankunft.* Cervantes wußte, daß »der Weg immer besser ist als die Herberge«. Eine Zeit, die ihrem Verlangen, ihrem Ideal genuggetan hat, begehrt nichts mehr; ihr ist die Quelle des Wünschens versiegt. Das bedeutet, daß die berühmte Fülle in Wahrheit ein Ende ist. Es gibt Jahrhunderte, die ihre Wünsche nicht zu erneuern wissen und an Zufriedenheit sterben, wie die beglückte Drohne nach dem Hochzeitsflug.[2]

Daher der überraschende Umstand, daß die Zeiten sogenannter Erfüllung auf ihrem Grund immer einen Bodensatz wunderlicher Traurigkeit bergen.

Die Strebungen, die so langsam ausgetragen wurden und sich im 19. Jahrhundert endlich zu verwirklichen schienen, gaben sich selbst den Namen der »modernen Kultur«. Der Name schon ist beunruhigend: daß eine Zeit sich selbst »modern« nennt, das heißt abschließend, endgültig, so daß alle anderen im Verhältnis zu ihr bloße Vergangenheit, bescheidene Vorberei-

1 Auf den Prägestöcken Hadrianischer Münzen liest man Inschriften wie diese: Italia Felix. Saeculum aureum. Tellus stabilita. Temporum felicitas. Man vergleiche neben der großen numismatischen Sammlung Cohens einige Münzen, die bei Rostovtzeff: *The social and economic history of the Roman Empire*, 1926, Tafel LII und 588,6 abgebildet sind.

2 Man unterlasse nicht, die wunderbaren Seiten Hegels über die zufriedenen Zeitalter in der *Philosophie der Geschichte* nachzulesen.

tungen, ein Auf-sie-hin sind, kraftlose Pfeile, die das Ziel verfehlen![1]

Rührt man nicht hier schon an den wesentlichen Unterschied zwischen unserer Zeit und jener, die soeben unter den Horizont gesunken ist? Unsere Zeit dünkt sich wahrhaftig nicht endgültig; im Gegenteil, sie findet in ihrem tiefsten Grund dunkel die Einsicht vor, daß es keine endgültigen, gesicherten, für immer auskristallisierten Zeiten gibt, daß vielmehr der Anspruch eines Lebenstypus – der sogenannten »modernen Kultur« – auf Endgültigkeit eine unglaubliche Trübung und Verengung des Sehfeldes verrät. Und wenn wir so empfinden, spüren wir eine wunderbare Erleichterung, als wären wir einem engen, geschlossenen Raum entkommen und stünden wieder unter den Gestirnen, in der echten, tiefen, schrecklichen, unvorhersehbaren und unerschöpflichen Welt, in der alles möglich ist: alles Gute und alles Böse.

Es war ein trauriger Glaube, der Glaube an die moderne Kultur; er besagte, daß alles Wesentliche morgen aussehen werde wie heute, daß der Fortschritt einzig darin bestehe, in alle Ewigkeit denselben Weg fortzuschreiten, den man schon unter den Füßen hatte. Ein solcher Weg ist eher ein Gefängnis, das sich dehnt; er führt nicht ins Freie.

Wenn in den Anfängen des römischen Kaiserreichs ein kul-

---

1 Der ursprüngliche Sinn von »modern«, die »Moderne«, wie die jüngst vergangenen Zeiten sich selbst getauft haben, spricht sehr scharf das Gefühl von der »Höhe der Zeit« aus, das ich hier analysiere. Modern ist, was nach dem »Modus«, der Art ist; man verstehe, der neuen Art, der Modifikation oder Mode, die in der jeweiligen Gegenwart an Stelle der alten, überlieferten, in der Vergangenheit gangbaren Moden aufgekommen ist. Das Wort »modern« drückt also das Bewußtsein eines neuen, dem ehemaligen überlegenen Lebens und zugleich das Gebot aus, auf der Höhe der Zeit zu sein. Der Unmoderne ist, nach dem Urteil des »Modernen«, nicht auf der Höhe des gegenwärtigen historischen Niveaus.

tivierter Provinziale – Lucan vielleicht oder Seneca – nach Rom kam und die gewaltigen kaiserlichen Bauten, Sinnbilder einer endgültigen Macht, sah, zog sich ihm wohl das Herz zusammen. Es konnte nichts Neues mehr in der Welt geschehen. Rom war ewig. Und wenn es eine Melancholie der Ruinen gibt, die aus ihnen aufsteigt wie Nebel aus toten Gewässern, so spürt der sensible Provinziale eine nicht weniger lastende Schwermut, wenn auch von umgekehrtem Vorzeichen: die Melancholie der ewigen Bauten.

Gleicht nicht neben einem solchen Gemütszustand das Lebensgefühl unserer Epoche eher der fröhlichen Ausgelassenheit von Kindern, die der Schule entwischt sind? Wir wissen heute nicht mehr, was morgen alles in der Welt passieren mag, und das freut uns heimlich; denn unvorhersehbar und ein immer offener Horizont von Möglichkeiten zu sein, ist das Wesen des echten Lebens, die wahrhafte Fülle des Lebens.

Diese Feststellung, der allerdings noch ihre Kehrseite fehlt, steht in Widerspruch zu den Untergangs-Klageliedern, die in den Büchern so vieler Zeitgenossen angestimmt werden. Sie beruhen auf einer optischen Täuschung, die vielfältige Ursachen hat. Später werden wir einigen davon begegnen; aber ich möchte hier die handgreiflichste vorwegnehmen: Diese Schwarzseherei rührt davon her, daß man, getreu einer nach meiner Ansicht überlebten Ideologie, von der Geschichte einzig die Politik oder die Kultur berücksichtigt und nicht merkt, daß dies nur ihre Oberfläche ist; daß die geschichtliche Wirklichkeit in einer früheren und tieferen Schicht eine biologische Potenz ist, die reine Lebenskraft, der Vorrat kosmischer Energie im Menschen; nicht die gleiche Kraft, die das Meer bewegt, das Tier befruchtet, die Blüte treibt, aber ihr schwesterlich verwandt.

Den Dekadenzdiagnosen gegenüber empfehle ich folgende Überlegung: Der Begriff des Abstiegs, das ist klar, setzt einen Vergleich voraus. Man steigt von einem höheren zu einem niederen Zustand hinunter. Nun wohl: dieser Vergleich läßt sich von denkbar verschiedenen Gesichtspunkten her anstellen. Für einen Fabrikanten von Bernsteinmundstücken geht es abwärts mit der Welt, weil man nur noch selten aus Bernsteinmundstücken raucht. Andere Gesichtspunkte mögen respektabler sein, aber strenggenommen sind sie nicht weniger einseitig, willkürlich und äußerlich im Hinblick auf das Leben selbst, dessen Wert geprüft werden soll. Es gibt nur einen berechtigten und natürlichen Gesichtspunkt: daß man sich in dieses Leben hineinversetzt, es von drinnen betrachtet und nachsieht, ob es selber fühlt, daß es im Niedergang ist, das heißt, daß es dürftiger, schwächer, schaler wird.

Aber auch wenn man es von drinnen betrachtet, woran soll man erkennen, ob ein Leben sich verbraucht vorkommt oder nicht? Für mich besteht kein Zweifel über das entscheidende Symptom. Ein Zeitalter, das die eigene Gegenwart allen Vergangenheiten vorzieht, kann in keinem ernsthaften Sinn dekadent genannt werden. Hierauf kam mein ganzer Exkurs über das Problem der »erfüllten Zeiten« hinaus. Denn nun finden wir, daß gerade unsere Generation zu dieser Frage eine sehr merkwürdige Stellung einnimmt, die meines Wissens bis jetzt in der bekannten Geschichte einzig dasteht.

In den Salons des vergangenen Jahrhunderts erschien unausweichlich eine Stunde, da die Damen und ihre gewandten Dichter einander die Frage stellten: »Zu welcher Zeit möchten Sie gelebt haben?« Und alsbald begann ein jeder in der Imagination die historischen Wege zu durchschweifen auf der Suche nach einer Zeit, der er den Umriß seines Daseins nach Gefallen einpassen könnte. Obgleich oder weil es sich in der Fülle wähnte, war dieses 19. Jahrhundert in Tat und Wahrheit an die Vergangenheit gebunden, auf deren Schultern es zu stehen meinte; es erlebte sich im Grunde nur als den Gipfel der Vergangenheit. Daher glaubte es noch an klassische Perioden – an das Jahrhundert des Perikles, an die Renaissance –, in denen sich die geltenden Werte ausgebildet hatten. Das allein würde genügen, um uns argwöhnisch gegen die vollkommenen Zeitalter zu machen; sie haben das Gesicht nach hinten gedreht, sie blicken auf die Vergangenheit, die sich in ihnen erfüllt.

Nun wohl: was würde ein beliebiger Repräsentant unserer Zeit ehrlich antworten, wenn man ihm eine ähnliche Frage stellte? Ich glaube, darüber kann kein Zweifel sein; jede Vergangenheit ohne Ausnahme würde ihm wie ein enges Gelaß vorkommen, in dem er nicht atmen könnte. Das heißt, die augenblickliche Menschheit fühlt, daß ihr Leben mehr Leben ist als irgendein früheres: oder umgekehrt ausgedrückt, dem Gegenwärtigen ist die ganze Vergangenheit zu klein geworden. Dies Bewußtsein des heutigen Lebens macht in seiner elementaren Klarheit alle Dekadenztheorien hinfällig, wenn sie nicht sehr behutsam zuwege gehen.

Unser Jahrhundert findet von vornherein seine Größenverhältnisse allen früheren überlegen. Wie sollte es sich für abgetan halten? Ganz im Gegenteil; in Wahrheit ist ihm, rein weil es sich als das stärkere Leben fühlt, aller Respekt und alle Rücksicht für die Vergangenheit abhanden gekommen. Darum haben wir in unserer eigenen zum erstenmal eine Epoche vor uns, die mit allem Klassizismus gründlich aufräumt, die nichts Vergangenes als mögliches Vorbild oder Norm anerkennt und, obgleich sie am Ende so vieler Jahrhunderte einer ununterbrochenen Entwicklung auftritt, doch ein Anfang, eine Morgenröte, eine Kindheit zu sein scheint. Wir blicken zurück, und die berühmte Renaissance kommt uns muffig, krähwinklig – sagen wir es getrost –, reichlich aufgedonnert vor.

Ich resümierte einmal eine ähnliche Situation folgendermaßen: »Dies entscheidende Auseinandertreten von Vergangenheit und Gegenwart ist eine allgemeine Tatsache unserer Epoche, und das mehr oder minder verworrene Gefühl davon erzeugt die merkwürdige Bestürzung des Lebens in diesen gegenwärtigen Jahren. Wir fühlen, wir Heutigen, auf einmal, daß wir allein auf der Welt sind, daß die Toten nicht im Scherz starben, sondern unwiderruflich, daß sie uns nicht mehr beistehen können. Der Geist der Tradition ist bis auf den letzten Rest entflohen. Vorbilder, Normen, feste Formen nützen uns nichts. Wir haben unsere Probleme – seien sie künstlerisch, wissenschaftlich oder politisch – ohne die tätige Mitarbeit der Vergangenheit in voller Gegenwart zu lösen. Der Europäer steht allein, ohne lebende Tote neben sich; wie Peter Schlemihl hat er seinen Schatten verloren. So geschieht es, wenn der hohe Mittag kommt.«

Fassen wir zusammen: Wie steht es um das Niveau unserer Zeit?

Sie gehört nicht zu den gestillten Zeiten und fühlt sich doch allen gewachsenen Epochen überlegen und über alle bekannten Erfüllungen hinausgewachsen. Es ist nicht leicht, die Meinung in Worte zu fassen, welche unsere Zeit von sich selbst hat. Sie dünkt sich mehr als die anderen und weiß zugleich, daß sie ein Anfang ist. Welches Wort sollen wir wählen? Vielleicht dieses: mehr als alle anderen und weniger als sie selbst. Stark und zugleich ihres Schicksals nicht gewiß. Stolz auf ihre Kräfte und zugleich in Furcht vor ihnen.

IV
Wachstum des Lebens

Die Herrschaft der Massen und das Steigen des Lebensniveaus, die Höhe der Zeit, die es angeht, sind ihrerseits nur Symptome einer allgemeineren und umfassenderen Tatsache, die gerade in ihrer schlichten Offenkundigkeit beinahe grotesk und unglaubhaft wirkt. Wir meinen einfach den Umstand, daß die Welt über Nacht gewachsen ist und in ihr und mit ihr das Leben. Über Nacht ist es wahrhaft weltweit geworden. Das heißt, der Lebensinhalt eines Menschen von mittlerer Art ist heute der ganze Planet; jeder einzelne erlebt gewohnheitsmäßig die ganze Erde. Vor etwa einem Jahr verfolgten die Sevillaner Stunde um Stunde in ihren Volkszeitungen, was einigen Menschen am Pol zustieß; über den glühenden Hintergrund der Guadalquivirlandschaft trieben Eisberge. Kein Stück Erde ist mehr in den geometrischen Grenzen seines Ortes eingeschlossen; es übt mannigfache Wirkungen auf das Leben an anderen Stellen des Planeten. Nach dem physikalischen Gesetz, daß die Dinge da sind, wo sie wirken, müssen wir heute jedem Punkt des Globus die einflußreichste Allgegenwärtigkeit zugestehen. Diese Nähe des Fernen, diese Gegenwart des Abwesenden hat den Horizont jedes Lebens in fabelhaftem Ausmaße geweitet.

Und die Welt ist auch zeitlich gewachsen. Prähistorie und Archäologie haben geschichtliche Gebiete von phantastischer Ausdehnung entdeckt. Ganze Zivilisationen und Reiche, von denen man bis vor kurzem nicht einmal den Namen ahnte, sind wie neue Kontinente für unsere historische Erinnerung erobert worden. Illustrierte Zeitung und Film haben alle diese entlegenen Stücke Welt dem Volk unmittelbar vor Augen gebracht.

Der raumzeitliche Zuwachs des Universums würde jedoch an sich nichts bedeuten. Physikalischer Raum und physikalische Zeit sind das schlechthin Geistlose in der Welt. Darum ist der Kult der reinen Geschwindigkeit, den unsere Zeitgenossen vorübergehend treiben, gerechtfertigter als man gewöhnlich glaubt. Die Geschwindigkeit, da sie aus Raum und Zeit gemacht ist, ist nicht weniger geistlos als ihre Elemente; aber sie dient dazu, jene aufzuheben. Eine Dummheit kann nur durch eine andere bezwungen werden. Es war für den Menschen eine Ehrensache, über den kosmischen Raum und die wirkliche Zeit, die jedes Sinnes bar sind, zu triumphieren,[1] und man braucht sich nicht zu wundern, wenn es uns ein kindliches Vergnügen macht, die leere Geschwindigkeit spielen zu lassen, die den Raum verschlingt und Zeit tötet. Indem wir Raum und Zeit aufheben, verlebendigen wir sie, nutzen wir sie vital aus. Wir können an mehr Orten sein als früher, Ankunft und Abreise öfter genießen und in kürzere kosmische Zeit mehr gelebte zusammendrängen.

Aber letzten Endes besteht das wesentliche Wachstum der Welt nicht in der Vergrößerung ihres Umfangs, sondern darin, daß sie mehr Gegenstände umschließt. Jeder Gegenstand –

---

1 Weil die Lebensdauer des Menschen beschränkt, weil er sterblich ist, muß er die Entfernung im Raum und das Säumen der Zeit besiegen. Für einen Gott, dessen Dasein unsterblich ist, hätte das Automobil keinen Sinn.

man nehme das Wort im weitesten Sinn – ist etwas, was man wünschen, beabsichtigen, erschaffen, vernichten, finden, genießen oder verwerfen kann; lauter Namen, die ein vitales Tun bezeichnen.

Irgendeine menschliche Tätigkeit diene als Beispiel, etwa das Einkaufen. Man stelle sich zwei Menschen vor, einen jetzt lebenden und einen aus dem 18. Jahrhundert, die im Verhältnis zum jeweiligen Geldwert dasselbe Vermögen haben, und vergleiche den Vorrat verkäuflicher Dinge, die sich dem einen und dem anderen bieten. Der Unterschied ist ungeheuer. Die Möglichkeiten für den heutigen Käufer sind praktisch unbegrenzt. Es ist nicht leicht, einen Gegenstand auszudenken, den es nicht auf dem Markt gibt, und umgekehrt kann kein Mensch alles ausdenken und begehren, was zum Kauf angeboten wird. Man wird einwenden, daß mit einem verhältnismäßig gleich großen Vermögen der heutige Käufer nicht mehr erwerben kann als der des 18. Jahrhunderts. Das ist falsch. Man kann heute viel mehr kaufen, weil die Industrie fast alle ihre Erzeugnisse verbilligt hat. Aber es störte mich auch nicht, wenn es richtig wäre; was ich zu sagen beabsichtige, würde dadurch eher noch deutlicher werden.

Die Tätigkeit des Kaufens endet damit, daß man sich für einen Gegenstand entscheidet; aber eben darum ist sie vorher eine Wahl, und die Wahl beginnt damit, daß man sich über die Möglichkeiten unterrichtet, die der Markt bietet. Daraus folgt, daß unser Dasein in seiner Abwandlung »Kaufen« zunächst aus dem Erlebnis der Kaufmöglichkeiten als solcher besteht. Wenn wir an unser Leben denken, vergessen wir gewöhnlich, was mir sehr wesentlich scheint, daß es in jedem Augenblick und vor allem Bewußtsein des uns Möglichen ist. Stünde uns nur eine einzige Möglichkeit offen, so hätte es keinen Sinn, sie »Möglichkeit« zu nennen: sie wäre reine Notwendigkeit. Aber unser Leben, dies höchst wunderbare Phänomen, besitzt die Grundverfassung, daß sich immer mehrere Ausgänge vor ihm auftun, die, weil es mehrere sind, den Charakter von Möglichkeiten annehmen, unter denen wir zu entscheiden haben.[1] Leben heißt in eine Umwelt von bestimmten Möglichkeiten hineingestellt sein. Diese Umwelt pflegt man die Umstände zu nennen. Alles Leben findet sich innerhalb des Umstehenden oder der Welt vor.[2] Denn dies ist der ursprüngliche Sinn des Wortes »Welt«. Die Welt ist der Inbegriff unserer Lebensmöglichkeiten. Sie ist also nichts von unserem Leben Abgesondertes, ihm Fremdes, sondern der prinzipielle Umfang seiner Reichweite. Sie stellt dar, was wir sein können, das heißt unser Leben seiner Potenz nach. Diese muß sich näher bestimmen, um wirklich zu werden; oder anders gewendet: wir werden immer nur zum geringsten Teil das, was wir sein könnten. Darum erscheint uns die Welt so ungeheuer und wir uns in ihr so winzig. Die Welt oder unser mögliches Leben ist immer mehr als das Schicksal oder unser tatsächliches Leben.

Jetzt kam es mir jedoch nur darauf an, zu zeigen, wie das Leben des Menschen nach der Dimension seiner Potentialität hin gewachsen ist. Es rechnet mit einem gegen früher phantastisch vergrößerten Feld von Möglichkeiten. Auf geistigem Gebiet findet es mehr Wege zur Ideenbildung, mehr Probleme, mehr Material, mehr Wissenschaften, mehr Gesichtspunkte vor. Wenn die Ämter oder Laufbahnen in primitiven Zuständen sich fast an den Fingern einer Hand herzählen lassen – Hirt, Jäger, Krieger, Zauberer –, ist die Reihe möglicher Beschäftigungen heute unabsehbar. Ähnlich steht es um die Vergnügungen, wenn hier das Repertoire – und die Erscheinung ist ernster, als man

1 Im schlimmsten Fall, wenn die Welt auf einen einzigen Ausgang beschränkt scheint, gibt es immer noch zwei: diesen und den aus der Welt heraus. Aber der Ausgang aus der Welt ist ein Teil von ihr, wie die Tür Teil eines Zimmers ist.

2 In »Atlantiden« (vgl. »Die Aufgabe unserer Zeit« S. 215) erscheint derselbe Gegenstand unter dem Namen »Horizont«.

meint – auch nicht so reichhaltig ist wie in den anderen Ordnungen des Lebens. Doch für den durchschnittlichen Menschen, der in der Großstadt wohnt – und die Großstädter sind die Repräsentanten des gegenwärtigen Daseins –, haben sich auch die Genußmöglichkeiten im Laufe von kaum einem Jahrhundert ungeahnt vermehrt.

Aber die Steigerung des Lebens beschränkt sich nicht auf das bisher Erwählte. Es ist in einem noch unmittelbaren und geheimnisvollen Sinn gewachsen. Auf physischem und sportlichem Gebiet werden heute bekanntlich Leistungen erzielt, die alles aus der Vergangenheit Bekannte in den Schatten stellen. Es genügt nicht, jede einzeln zu bewundern und den Rekord, den sie aufstellt, zu buchen; man muß den Eindruck beachten, den ihre Häufigkeit in uns hinterläßt: sie bringt uns die Überzeugung bei, daß der menschliche Organismus heute über Fähigkeiten und Kräfte verfügt wie nie zuvor. Denn etwas Ähnliches geschieht in der Wissenschaft. Einige Jahrzehnte – nicht länger – brauchte die Forschung, um ihren kosmischen Horizont unwahrscheinlich auszudehnen. Einsteins Physik bewegt sich in so weiten Räumen, daß die alte Newtonsche darin nur eine Bodenkammer einnimmt.[1] Und dies äußere Wachsen wurde durch ein inneres, durch die Erhöhung der wissenschaftlichen Schärfe möglich. Einsteins Physik berücksichtigt kleinste Unterschiede, die früher übersehen und nicht in Rechnung gestellt wurden, da sie belanglos schienen. Das Atom endlich – gestern die Grenze der Welt – hat sich heute zu einem ganzen Planetensystem aufgebläht. Ich erwähne dies alles nicht wegen der Bedeutung, die es für die Entwicklung der Kultur haben

1 Newtons Welt war unendlich; aber diese Unendlichkeit war keine Größenbestimmung, sondern eine leere Verallgemeinerung, eine abstrakte, kraftlose Utopie. Einsteins Welt ist endlich, aber in allen ihren Teilen erfüllt und konkret; sie ist darum reicher an Gegenständen und tatsächlich von größerem Format.

mag – das interessiert mich im Augenblick nicht –, sondern als Beweis für die Zunahme der psychischen Kräfte, die es voraussetzt. Ich lege den Ton nicht darauf, daß Einsteins Physik exakter ist als Newtons, sondern daß der Mensch Einstein von größerer Geistesschärfe und -freiheit ist als der Mensch Newton;[1] genau wie der Boxer heute Faustschläge von besserem Kaliber austeilt als alle seine Vorgänger.

Wie Kino und Illustrationen dem Durchschnittsmenschen die entferntesten Orte des Planeten vor Augen führen, so vermitteln ihm Zeitungen und Gespräche die Kunde dieser geistigen Leistungen, welche die neu erfundenen technischen Apparate von den Schaufenstern her bestätigen. Das alles rinnt in seiner Seele zu dem Eindruck gewaltiger Machtvollkommenheit zusammen.

Mit dem Gesagten soll nicht behauptet werden, daß das menschliche Leben heute besser ist als zu anderen Zeiten. Ich habe nicht von seiner Wertbeschaffenheit gesprochen, sondern von seiner Steigerung, seiner quantitativen und intensiven Zunahme. Ich glaube hiermit das Bewußtsein des augenblicklichen Menschen genau geschildert zu haben, seine Lebensstimmung, für die es wesentlich ist, daß er sich mit mehr Möglichkeiten ausgerüstet fühlt als je und daß ihm die ganze Vergangenheit an Zwergwuchs zu kranken scheint.

Diese Schilderung war notwendig, um dem Gerede über den Niedergang und besonders den Niedergang des Abendlandes zu begegnen, das im letzten Jahrzehnt unter uns umging. Man erinnere sich der Überlegung, die ich anstellte und die

---

1 Die Freiheit des Geistes, das heißt die Kraft des Verstandes, bemißt sich nach der Fähigkeit, überlieferungsmäßig untrennbare Begriffe zu scheiden. Begriffe scheiden kostet viel mehr Mühe als sie verbinden, wie W. Köhler in seinen Untersuchungen über das Denkvermögen der Schimpansen gezeigt hat. Und der menschliche Verstand besaß niemals größere Scheidekraft als heute.

mir so einfach wie einleuchtend scheint. Es ist nicht angängig, von einem Niedergang zu reden, bevor man nicht genau gesagt hat, was es denn ist, das niedergeht. Bezieht sich das düstere Wort auf die Kultur? Liegt eine Dekadenz der europäischen Kultur vor? Liegt vielleicht nur ein Verfall der nationalen Organisation Europas vor? Gesetzt, dem wäre so: würde das genügen, um von dem Untergang des Abendlandes zu sprechen? Durchaus nicht. Denn solche Schwächen sind Teilmängel und beziehen sich auf geschichtliche Gegenstände zweiter Ordnung – Kultur, Nationen. Es gibt nur einen bedingungslosen Niedergang; er besteht in einem Schwinden der vitalen Kräfte und liegt nur vor, wenn er erlebt wird. Aus diesem Grunde habe ich bei der Betrachtung einer Erscheinung verweilt, die gewöhnlich übersehen wird: bei dem Bewußtsein oder Gefühl, das jedes Zeitalter von seiner vitalen Höhe hat.

Das brachte uns darauf, von der Fülle zu sprechen, welche einige Jahrhunderte im Gegensatz zu anderen fühlten, denen umgekehrt ihr Dasein als Abstieg von den Höhen eines ehemaligen goldenen Zeitalters erschien. Und ich schloß damit, daß unsere Zeit durch eine sonderbare Anmaßung ausgezeichnet ist, die sich mehr dünkt als jede Vergangenheit, ja das Gewesene nicht beachtet, keine klassischen und normativen Epochen anerkennt, sondern sich selbst als ein neues, allem Früheren überlegenes und nicht darauf zurückführbares Leben ansieht.

Ich zweifle, daß man unser Jahrhundert verstehen kann, wenn man sich nicht eingehend mit dieser Tatsache beschäftigt. Denn eben hier liegt sein Problem. Wenn es von seinem Niedergang überzeugt wäre, fühlte es sich anderen Epochen unterlegen, das heißt, es schätzte und bewunderte sie und verehrte die Prinzipien, die jene formten. Es hätte klare, feste Ideale, wenn es auch unfähig wäre, sie zu verwirklichen. Statt dessen leben wir in einer Zeit, die gewaltige Kräfte in sich spürt und nicht weiß, was sie damit machen soll. Sie beherrscht die Welt, aber sich selbst nicht. Sie fühlt sich verloren in ihrem eigenen Überfluß. Mit mehr Mitteln, größerem Wissen, ausgebildeter Technik ist die gegenwärtige Generation unseliger als alle vergangenen, allen Winden preisgegeben.

Daher der wunderliche Zwiespalt zwischen Machtgefühl und Unsicherheit, der in der zeitgenössischen Seele haust. Es geht ihr wie dem Herzog von Orleans, von dem man während seiner Regentschaft für Ludwig XV. sagte, daß er alle Talente besitze außer dem einen, sie zu benutzen. Dem 19. Jahrhundert, das fest zu seinem Fortschrittsglauben stand, erschien schon vieles unmöglich. Heute ist uns, rein weil wir alles zulassen, als könnte auch das Schlimmste, auch Rückschritt, Barbarei, Niedergang möglich sein.[1] An sich wäre das kein übles Zeichen; es bedeutete, daß wir wieder die allem Leben wesentliche Unsicherheit spürten, die zugleich lust- und schmerzvolle Unruhe, die jede Minute in sich birgt, wenn wir sie bis an ihren Kern, bis an ihre kleine, blutvolle Schlagader zu erleben wissen. Gewöhnlich schrecken wir vor dem Ertasten jenes beängstigenden Pulsschlages zurück, der aus jedem wahrhaft gelebten Augenblick ein winziges, vorüberwallendes Herz macht, und trachten danach, uns in Sicherheit zu bringen, uns für die tiefen Spannungen unseres Schicksals unempfindlich zu machen, indem wir Gewohnheit, Sitten, Redensarten – alle Sorten von Chloroform – darüberschütten. So ist es heilsam, wenn uns zum erstenmal nach fast drei Jahrhunderten wieder zum Bewußtsein kommt, daß wir nicht wissen, was morgen geschehen wird.

Wer dem Leben ernst und verantwortungsbereit gegenübersteht, wird eine gewisse Art des Mißtrauens kennen, die ihn treibt, auf seiner Hut zu bleiben. Die römische Felddienstordnung schrieb vor, daß der Wachtposten der Legion den Zeigefinger an die Lippen legte, um der Schläfrigkeit zu widerstehen

1 Das ist der letzte Ursprung der Dekadenzdiagnosen. Nicht daß wir dekadent wären, sondern daß wir in unserer Bereitwilligkeit, jede Möglichkeit zuzulassen, auch die der Dekadenz nicht ausschließen.

und aufmerksam zu bleiben. Die Gebärde ist nicht übel. Scheint sie doch dem Schweigen der Nacht tieferes Schweigen zu gebieten, damit das heimliche Wachsen der Zukunft hörbar wird. Die Sicherheit der erfüllten Zeiten – so im vergangenen Jahrhundert – beruht auf einer optischen Täuschung und führt dazu, daß man sich nicht um die Zukunft kümmert, mit deren Gestaltung der Mechanismus des Universums betraut wird. Der fortschrittliche Liberalismus wie der Marxsche Sozialismus setzen voraus, daß sich, was sie als beste Zukunft ersehnen, unabwendbar, mit einer Notwendigkeit ähnlich der astronomischen, verwirklichen wird. Durch diese Theorie vor ihrem eigenen Gewissen gedeckt, ließen sie das Steuer der Geschichte fahren, blieben nicht länger in Bereitschaft und büßten Beweglichkeit und Tatkraft ein. So entschlüpfte ihnen das Leben unter den Händen, wurde ganz und gar unbotmäßig und treibt heute führerlos, und keiner kennt das Ziel. Unter der Maske seiner großzügigen Zukunftsbezogenheit tut der Fortschritt nichts für den kommenden Tag; überzeugt, daß es keine Überraschungen noch Geheimnisse, keine Wendungen noch wesentliche Neuerungen gibt, sicher, daß die Welt geradeaus gehen wird, ohne Umwege oder Rückschritte, zieht er seine Unruhe aus der Zukunft zurück und siedelt sich in einer endgültigen Gegenwart an. Kein Wunder, wenn die Welt heute leer von Plänen, Zielsetzungen und Idealen ist. Niemand befaßte sich damit, sie bereit zu halten. Das ist die Fahnenflucht der Eliten, die immer die Kehrseite zum Aufstand der Massen darstellt.

Aber es ist an der Zeit, daß wir zu unserem Gegenstand zurückkehren. Wir haben nachdrücklich auf den günstigen Aspekt hingewiesen, den der Triumph der Massen bietet, und müssen uns nun seiner anderen gefährlicheren Seite zuwenden.

V

Eine statistische Tatsache

DIESE UNTERSUCHUNG MÖCHTE die mutmaßliche Diagnose unserer Zeit, unseres gegenwärtigen Lebens aufstellen. Ihr erster Abschnitt ist beendet; er läßt sich folgendermaßen zusammenfassen: Als Vorrat von Möglichkeiten ist unser Zeitalter prachtvoll, allen historisch bekannten überlegen. Aber durch sein ungewöhnliches Format ist es über alle ihm von der Überlieferung vermachten Regulierungen, Prinzipien, Normen, Ideale hinausgetreten. Es ist mehr Leben als alles frühere Leben und eben darum problematischer. Es kann sich nicht an der Vergangenheit orientieren.[1] Es muß sein Schicksal selbst entdecken.

Doch nun haben wir die Diagnose zu vervollständigen. Leben ist vor allem der Inbegriff dessen, was wir sein können, mögliches Leben; aber es ist auch Wahl unter den Möglichkeiten, Entscheidung für das, was wir tatsächlich werden. Umstän-

1 Wir werden aber sehen, daß es geboten ist, von der Vergangenheit, wenn auch keine positive Führung, so doch gewisse negative Ratschläge anzunehmen. Die Vergangenheit kann uns nicht sagen, was wir tun, wohl aber, was wir lassen müssen.

de und Entscheidung sind die beiden grundlegenden Elemente, aus denen sich das Leben aufbaut. Die Umstände – die Möglichkeiten – sind das Gegebene und uns Auferlegte an unserem Leben. Sie bilden unsere Welt. Das Leben wählt seine Welt nicht; es findet sich von vornherein in einer bestimmten, unvertauschbaren, in dieser gegenwärtigen Welt vor. Unsere Welt ist die schicksalhaft bestimmte Komponente, die in unser Leben eingeht. Aber diese vitale Bestimmung gleicht nicht der physikalischen. Wir sind nicht in das Dasein abgeschnellt wie die Gewehrkugel, deren Bahn vollkommen festgelegt ist. Die Bestimmung, in die wir eintreten, wenn wir in diese Welt eintreten – die Welt ist immer *diese*, diese gegenwärtige –, verhält sich genau entgegengesetzt. Statt uns eine Bahn aufzuerlegen, erlegt sie uns mehrere auf und zwingt uns folglich – zu wählen. Wunderbare Verfassung unseres Leben, das zur *Freiheit bestimmt* ist, zur Entscheidung darüber, was es in dieser Welt sein wird! Keinen Augenblick ist es unserer Entschlußkraft gegönnt zu ruhen. Selbst wenn wir verzweifelt geschehen lassen, was geschieht, haben wir beschlossen, nicht zu beschließen.

Es ist also falsch, daß im Leben die »Umstände entscheiden«. Im Gegenteil, die Umstände sind der immer neue Kreuzweg, an dem wir uns zu entscheiden haben. Und der entscheidet, ist unser Charakter.

Alles dies gilt auch für das Gemeinschaftsleben. Auch in ihm liegt zunächst ein Horizont von Möglichkeiten vor und dann ein Entschluß, der wählt und über die tatsächliche Art des Kollektivdaseins entscheidet. Dieser Entschluß entspringt dem Charakter der Gesellschaft oder, was dasselbe ist, des Menschentypus, der in ihr herrscht. In unserer Zeit herrscht der Massenmensch; er ist es, der entscheidet. Man sage nicht, so sei es schon in der Epoche der Demokratie und des allgemeinen Stimmrechts gewesen. Das allgemeine Stimmrecht gab der Masse nicht das Recht zu entscheiden, sondern die Entscheidung der einen oder anderen Elite gutzuheißen. Diese legten ihr »Programm« vor – ein ausgezeichnetes Wort. Die Programme waren in der Tat Programme gemeinschaftlichen Lebens; in ihnen wurde die Masse aufgefordert, einem Lösungsvorschlag zuzustimmen.

Was heute geschieht, ist hiervon grundverschieden. Prüft man das öffentliche Leben derjenigen Staaten, in denen der Triumph der Masse am weitesten fortgeschritten ist – es sind dies die Mittelmeerländer –, so ergibt sich überraschenderweise, daß man dort politisch in den Tag hineinlebt. Die Erscheinung ist frappierend. Die öffentliche Macht liegt in den Händen eines Vertreters der Massen, die so mächtig sind, daß sie jede Opposition unterdrückt haben. Sie sind in derart unangreifbarer und gesteigerter Weise die Herren im Staat, daß man schwerlich in der Geschichte eine gleich unumschränkte Regierung finden wird. Und dennoch lebt die öffentliche Macht, die Regierung, in den Tag hinein. Keine Zukunft kündigt sich in ihr an; sie erscheint nicht als ein Anfang, dessen weitere Entwicklung man sich vorstellen könnte. Mit einem Wort, sie lebt ohne Lebensplan; sie hat nichts vor. Sie weiß nicht, wohin sie geht, weil sie strenggenommen überhaupt nicht geht; sie hat keinen vorgezeichneten Weg, keine zu durchlaufende Bahn. Wenn diese öffentliche Macht sich rechtfertigen will, erwähnt sie mit keinem Wort die Zukunft, sondern beschränkt sich auf die Gegenwart und sagt mit vollendeter Ehrlichkeit: »Ich bin ein Ausnahmezustand, der von den Umständen erzwungen ist.« Das heißt, von der Gegenwartsnot, nicht von Zukunftsplänen. Dies ist der Grund, daß sich ihre Tätigkeit darauf beschränkt, dem Konflikt der Stunde auszuweichen; sie löst ihn nicht, sondern flieht ihn zunächst unter Benutzung jedes beliebigen Mittels, selbst auf die Gefahr hin, dadurch größere Schwierigkeiten für die nächste Stunde aufzuhäufen. Solcher Art war immer die öffentliche Macht, wenn die Massen sie unmittelbar ausübten: allmächtig und vergänglich. Der Massenmensch ist der Mensch, der ohne Ziel lebt und im Winde treibt.

Darum baut er nichts auf, obgleich seine Möglichkeiten und Kräfte ungeheuer sind.

Und dieser Typus Mensch entscheidet in unserer Zeit. Wir haben also Grund genug, uns mit seinem Charakter vertraut zu machen.

Den Schlüssel dieser Analyse finden wir, wenn wir, zum Anfang unserer Ausführungen zurückkehrend, uns die Frage stellen: Woher kamen die Mengen, von denen die historische Szene heute erfüllt und überfüllt ist?

Vor einigen Jahren wies Sombart auf eine höchst einfache Tatsache hin, an die sich jeder gegenwärtig halten sollte, der sich mit zeitgenössischen Angelegenheiten beschäftigt. Diese schlichte Tatsache genügt für sich allein, um unsere Vorstellung von dem gegenwärtigen Europa zu klären; und genügt sie nicht, so bringt sie uns doch auf die Fährte jeder Erklärung. Ich meine folgendes: Seit dem Beginn der europäischen Geschichte im 6. Jahrhundert bis 1800 – also zwölf Jahrhunderte lang – beträgt die Einwohnerzahl Europas nie mehr als 180 Millionen. Von 1800 bis 1914 – also in wenig mehr als einem Jahrhundert – steigt die europäische Bevölkerung von 180 auf 460 Millionen! Die Gegenüberstellung dieser beiden Zahlen, denke ich, läßt keinen Zweifel hinsichtlich der Zeugungskräfte des vorigen Jahrhunderts. In drei Generationen hat es massenweise menschlichen Rohstoff hervorgebracht, der sich wie ein Gießbach auf das Feld der Geschichte ergoß, es überschwemmend. Diese Tatsache – ich wiederhole es – würde hinreichen, um den Triumph der Massen und was alles sich in ihm ausdrückt und ankündigt, zu verstehen. Andererseits muß sie zu dem Wachstum des Lebens, das ich oben feststellte, als greifbarster Summand hinzuaddiert werden.

Aber zugleich zeigt sie uns, wie unbegründet die Bewunderung ist, die wir dem Aufblühen neuer Länder wie der Vereinigten Staaten zollen. Wir staunen ihre wachsende Einwohnerzahl an, die in einem Jahrhundert auf 100 Millionen stieg, während das wahrhaft Erstaunliche die Fruchtbarkeit Europas ist. Ich erblicke hierin ein weiteres Argument zur Zerstörung jenes Trugbildes von der Amerikanisierung Europas. Nicht einmal der Zug, der am bezeichnendsten für Amerika erscheinen könnte – die Schnelligkeit seiner Bevölkerungszunahme –, ist ihm eigentümlich. Europa ist im vorigen Jahrhundert viel mehr gewachsen als Amerika. Amerika ist von dem Überschuß Europas gemacht.

Aber wenn die von Sombart errechnete Zahl auch nicht so bekannt ist, wie sie sein sollte, so war die allgemeine Tatsache der bedeutenden Bevölkerungszunahme Europas doch zu verbreitet, als daß sie hier besonderer Hervorhebung bedurft hätte. Es kommt mir denn auch weniger auf die Bevölkerungszunahme selbst als auf ihre schwindelnde Schnelligkeit an, die aus der Gegenüberstellung der betreffenden Angaben hervorgeht. Denn dieser schwindelnden Schnelligkeit ist es zuzuschreiben, wenn Massen und Massen von Menschen mit so beschleunigtem Tempo in die Geschichte hineingestoßen wurden, daß es kaum möglich war, ihnen die überlieferte Kultur zu vermitteln.

Und in der Tat ist der durchschnittliche Typus des gegenwärtigen europäischen Menschen von viel gesunderer und kräftigerer, aber auch viel einfacherer Geistesart als der des vorigen Jahrhunderts. Dies ist der Grund, daß er zuweilen den Eindruck eines Wilden macht, der unvermutet inmitten einer uralten Zivilisation auftaucht. Die Schulen, auf die das vergangene Jahrhundert so stolz war, konnten den Massen nur die Handgriffe des modernen Lebens beibringen; sie zu erziehen, gelang ihnen nicht. Man gab ihnen Werkzeuge, um intensiver zu leben, aber kein Verständnis für die großen historischen Aufgaben; man pflanzte ihnen eilig den Stolz auf die Macht der modernen Mittel ein, aber nicht den Geist. Mit dem Geist haben sie darum nichts im Sinn, und die neuen Generationen ergreifen die Herrschaft der Welt, als wäre die Welt ein Paradies ohne die Fußspuren der Vergangenheit, ohne althergebrachte, verworrene Rätsel.

Auf dem 19. Jahrhundert ruht der Ruhm und die Verantwortung, die großen Massen auf das Reich der Geschichte losgelassen zu haben. Darum liefert dieser Umstand den geeignetsten Gesichtspunkt zur gerechten Beurteilung der jüngst vergangenen Zeit. Irgend etwas Ungewöhnliches und Einzigartiges muß an ihr gewesen sein, wenn in ihrem Klima solche Menschenernten gedeihen konnten. Es ist leichtfertig und töricht, den Grundlagen irgendeiner anderen geschichtlichen Epoche den Vorzug zu geben, solange man sich nicht über eine so außerordentliche Erscheinung klar ist und sie zu verarbeiten versucht hat. Die Geschichte gleicht einem ungeheuren Laboratorium, wo alle erdenklichen Versuche angestellt werden, um die für die Pflanze Mensch günstigste Form des öffentlichen Lebens zu finden. Und über alle Sophismen triumphierend, tritt uns hier die Erfahrungstatsache entgegen, daß sich die europäische Spezies, wenn man sie mit den beiden Methoden der liberalen Demokratie und der Technik behandelt, in einem einzigen Jahrhundert verdreifacht.

Ein so schlagendes Ergebnis zwingt uns, wenn wir keine Narren sein wollen, zu folgenden Schlüssen: Erstens, daß die liberale Demokratie, die sich auf technische Schöpfungen gründet, die höchste der bis jetzt bekannten Formen des öffentlichen Lebens darstellt. Zweitens, daß dieser Lebenstypus nicht der beste denkbare sein mag, daß aber jeder bessere seine wesentlichen Grundsätze zu bewahren haben wird. Drittens, daß jede Rückkehr zu Lebensformen, die unter denen des 19. Jahrhunderts stehen, Selbstmord ist.

Haben wir dies mit aller Klarheit, die von der Klarheit des Phänomens selbst gefordert wird, einmal erkannt, so liegt es uns nunmehr ob, uns gegen das 19. Jahrhundert zu wenden. Wenn es unstreitig mit außerordentlichen und unvergleichlichen Kräften begabt war, so muß es andererseits nicht minder evidentermaßen an gewissen Radikalübeln, an gewissen Unzulänglichkeiten der Anlage gelitten haben, da es eine Menschenkaste – die aufsässigen Massenmenschen – erzeugen konnte, welche die Grundsätze, denen sie ihr Leben dankten, in unmittelbare Gefahr brachten. Bleibt dieser Menschentypus weiter Herr in Europa, gibt er endgültig den Ausschlag, so werden dreißig Jahre genügen, damit unser Erdteil in die Barbarei zurückfällt. Die technische Beherrschung der Materie und des Organisationsapparates wird mit derselben Leichtigkeit verlorengehen, mit der so oft im Laufe der Geschichte Herstellungsgeheimnisse in Vergessenheit geraten sind.[1] Das ganze Leben wird schrumpfen. Der augenblickliche Überfluß an Möglichkeiten wird sich in ausgesprochenen Mangel, in Not, beklemmendes Unvermögen, in einen wahrhaften Niedergang verwandeln. Denn der Aufstand der Massen ist dasselbe, was Rathenau den »vertikalen Einfall der Barbarei« genannt hat.

Es ist also nicht unwichtig, den Massenmenschen aus dem Grunde zu kennen, denn er birgt die Möglichkeit zu größtem Heil wie größtem Unheil in sich.

---

1 Hermann Weyl, einer der großen modernen Physiker, sagte einmal im persönlichen Gespräch, wenn eine Generation lang die spezifisch physikalische Begabung aussetzte, wäre es nicht undenkbar, daß der komplizierte Bau der gegenwärtigen Physik verfiele und späteren Geschlechtern nur noch als skurrile Spekulation erschiene. Eine Vorbereitung von vielen Jahrhunderten war nötig, um das Instrument des Verstandes an die komplizierte Abstraktheit der theoretischen Physik anzupassen. Irgendein Ereignis kann eine so wunderbare menschliche Fähigkeit, die außerdem die Grundlage der zukünftigen Technik bildet, wieder verschütten.

VI
Es beginnt die Analyse des Massenmenschen

WIE IST DIESER Massenmensch, der heute das öffentliche Leben, das politische und das nichtpolitische, beherrscht? Warum ist er, wie er ist, das heißt, wie ist er entstanden?

Es ist ratsam, beide Fragen miteinander zu beantworten, denn sie beleuchten sich gegenseitig. Der Mensch, der sich heute an die Spitze des europäischen Lebens stellen möchte, ist sehr verschieden von jenem, der im 19. Jahrhundert die Führung hatte; aber seine Entstehung und Entwicklung fällt in das 19. Jahrhundert. Um 1820, 1850, 1880 konnte jeder scharfsinnige Kopf vermöge einer einfachen Überlegung a priori den Ernst der gegenwärtigen Lage voraussehen. Und es geschieht heute in der Tat nichts, was nicht vor hundert Jahren prophezeit worden wäre. »Die Massen rücken vor«, sagte Hegel apokalyptischen Tones. »Ohne eine neue geistige Macht wird unser Zeitalter, das ein Zeitalter des Umsturzes ist, einer Katastrophe zutreiben«, verkündete Auguste Comte. Und von einem Fels des Engadins her rief Nietzsche aus: »Ich sehe die Flut des Nihilismus steigen.« Es ist falsch, daß die Geschichte nicht vorhersehbar wäre. Unzählige Male ist sie prophezeit worden. Böte die

Zukunft der Prophetie keinen Angriffspunkt, so könnte sie auch nicht verstanden und gedeutet werden, wenn sie sich erfüllt und endlich Vergangenheit wird. Der Gedanke, daß der Geschichtsschreiber ein umgekehrter Prophet ist, faßt die ganze Philosophie der Geschichte zusammen. Gewiß, es ist nur möglich, die allgemeine Struktur der Geschichte vorwegzunehmen; aber sie ist es auch allein, die wir in Wahrheit an der Vergangenheit und Gegenwart verstehen. Wer seine Zeit recht sehen will, soll sie daher von ferne betrachten. Wie fern? Sehr einfach, genau so weit, daß er die Nase der Kleopatra nicht mehr erkennt.

Welchen Aspekt bietet das Leben den Menschenmengen, die das 19. Jahrhundert in immer steigender Fülle erzeugte? Zunächst den einer durchgängigen materiellen Unbeschwertheit. Niemals hat der Durchschnittsmensch sein ökonomisches Problem in solcher Muße lösen können. Während die großen Vermögen verhältnismäßig zurückgingen und das Leben des Industriearbeiters härter wurde, öffnete sich der wirtschaftliche Horizont für den Durchschnittsmenschen immer freier. Immer neue Luxusgewohnheiten nahm er in seinen Lebensstandard auf; immer sicherer und von fremder Willkür unabhängiger wurde seine Stellung. Was man vorher als eine Gnade des Schicksals angesehen hätte, die in demütiger Dankbarkeit hingenommen wurde, betrachtete man jetzt als ein Recht, für das man nicht dankt, das man fordert.

Seit 1900 beginnt auch der Arbeiter sein Leben sicherer zu gestalten. Doch muß er darum kämpfen. Ihm wird das Wohlleben nicht wie den Mittelklassen von einer Gesellschaft und einem Staat, die ein Wunder an Organisation sind, fürsorglich vor die Füße gelegt.

Dieser wirtschaftlichen gesellt sich die physische Sicherheit und Mühelosigkeit: der Komfort und die öffentliche Ordnung. Das Leben läuft auf glatten Schienen, Erschütterungen und Gefahren sind unwahrscheinlich.

Bei einer so freien, unbeengten Lebenslage mußte notwendig in die tiefsten Schichten jener Durchschnittsseelen ein Lebensgefühl einsickern, das sich mit einer anmutigen und treffenden Wendung unseres alten Volkes ausdrücken ließe: ancha es Castilla, groß ist Kastilien. In all diesen elementaren und entscheidenden Ordnungen lag das Leben völlig *hindernislos* vor dem neuen Menschen. Die ganze Tragweite dieser Tatsache wird klar, wenn man bedenkt, daß eine solche Lebensfreiheit dem gemeinen Mann vergangener Epochen vollkommen abging. Ihm war im Gegenteil das Leben – wirtschaftlich wie physisch – ein drückendes Schicksal. Er erlebte es von Geburt an als eine Kette von Hemmungen, die hingenommen werden mußten; es gab keine andere Möglichkeit, als sich ihnen zu beugen, sich in der Enge, die sie ließen, einzurichten.

Aber noch klarer wird der Gegensatz, wenn wir uns nach der materiellen nun der bürgerlichen und moralischen Sphäre zuwenden. Seit der Mitte des 19. Jahrhunderts gibt es für den Durchschnittsmenschen keine sozialen Schranken. Das heißt, auch in den Domänen des öffentlichen Lebens bewegt er sich ohne Fesseln und Beschränkungen; nichts zwingt ihn, sich zu bescheiden; auch hier ist »Kastilien groß«. Es gibt weder »Stände« noch »Klassen«, es gibt keine rechtlich Privilegierten. Der Durchschnittsmensch weiß, daß vor dem Gesetz alle Menschen gleich sind.

Niemals in der ganzen Geschichte war der Mensch in eine Umwelt oder vitale Umgebung hineingestellt, welche der heutigen auch nur entfernt glich. Es ist in der Tat eine radikale Neuerung, die das 19. Jahrhundert im Schicksal der Menschheit heraufgeführt hat; in moralischer und sozialer Hinsicht hat es einen neuen Lebenshintergrund für das menschliche Dasein geschaffen. Drei Prinzipien machten die neue Welt möglich: die liberale Demokratie, die experimentelle Naturwissenschaft und der Industrialismus. Die beiden letzten lassen sich zu einem zusammenfassen, der Technik. Keines dieser Prinzipien wurde vom 19. Jahrhundert erfunden, sie stammen aus den beiden vorhergehenden Jahrhunderten. Dem 19. kommt nicht der Ruhm ihrer Erfindung, wohl aber der ihrer Durchführung zu. Niemand verkennt das. Aber die bloße Feststellung der Tatsache genügt nicht; wir müssen uns auch mit ihren unabweislichen Folgen vertraut machen.

Das 19. Jahrhundert war seinem Wesen nach revolutionär. Allerdings ist sein Rebellentum weniger auf der Walstatt der Barrikadenkämpfe zu suchen, die nur anekdotische Schnörkel sind, als in der grundstürzenden Neuheit der Existenzbedingungen, in die es den Durchschnittsmenschen versetzte. Es stellte das öffentliche Leben auf den Kopf. Revolution ist nicht Auflehnung gegen die bestehende Ordnung, sondern Aufrichtung einer neuen, welche die überlieferte stürzt. Es ist darum keine übertriebene Behauptung, daß der Mensch, den das 19. Jahrhundert schuf, für die Zwecke des öffentlichen Lebens eine Sonderstellung in der ganzen Menschheit einnimmt. Gewiß unterscheidet sich ein Repräsentant des 18. von einem typischen Vertreter des 17. und 16. Jahrhunderts; aber sie alle sind untereinander verwandt, ähnlich, selbst gleich in wesentlichen Zügen, wenn man ihnen den neuen Menschen gegenüberstellt. Für das »Volk« aller Zeiten bedeutete »Leben« vor allem Begrenzung, Verpflichtung, Abhängigkeit, mit einem Wort, Druck. Wenn man will, sage man Bedrückung, unter der Bedingung, daß darunter Bedrückung nicht nur durch Recht und Gesellschaft, sondern auch durch die Natur verstanden sei. Denn an dieser gebrach es niemals, bis vor hundert Jahren der Aufschwung der wissenschaftlichen Technik, der physikalischen und der organisatorischen, begann, die praktisch unbegrenzt ist. Vorher war auch für den Reichen und Mächtigen die Welt ein Name für Armut, Kampf, Gefahr.[1]

---

1 So reich ein einzelner auch im Vergleich zu den anderen war, die Erleichterungen, die ihm sein Reichtum verschaffen konnte, blieben doch, da die Welt als Ganzes arm war, in bescheidenen Grenzen. Der gewöhnliche Mensch lebt heute leichter, bequemer und sicherer als früher der Mächtigste. Was schert es ihn, daß er nicht reicher ist als andere, wenn die Welt es ist und ihm Straßen, Eisenbahnen, Hotels, Telegraph, körperliche Sicherheit und Aspirin zur Verfügung stellt?

Die Welt, die den neuen Menschen von Geburt an umgibt, zwingt ihn zu keinem Verzicht in irgendeiner Beziehung; sie stellt ihm kein Verbot, keine Hemmung entgegen; im Gegenteil, sie reizt seine Gelüste, die prinzipiell ins Ungemessene wachsen können. Denn es kommt dazu – und das ist belangvoll –, daß diese Welt des 19. und beginnenden 20. Jahrhunderts nicht bloß die Weite und Vollkommenheit hat, die sie tatsächlich besitzt, sondern ihren Bewohnern überdies die feste Überzeugung beibringt, daß sie morgen noch reicher, vollkommener und weiter sein wird, als erfreue sie sich eines unerschöpflichen Wachstums aus eigener Kraft. Noch heute, trotz einiger Vorzeichen, die eine kleine Bresche in diesen runden Glauben zu schlagen beginnen, noch heute zweifeln sehr wenige Menschen daran, daß in fünf Jahren die Automobile noch viel bequemer und billiger sein werden als jetzt. Man glaubt daran wie an den nächsten Sonnenaufgang. Das Gleichnis trifft. Denn der gewöhnliche Mensch, der sich in dieser technisch und gesellschaftlich so vollkommenen Welt vorfindet, glaubt in der Tat, daß die Natur sie hervorgebracht hat, und denkt niemals an die genialen Anstrengungen ausgezeichneter Männer, durch die sie geschaffen wurde. Noch weniger wird er zugeben, daß auch der Fortbestand dieser Errungenschaften von gewissen seltenen Tugenden des Menschen abhängt, deren geringster Ausfall den herrlichen Bau sehr rasch ins Wanken bringen würde.

Das veranlaßt uns, in dem psychischen Diagramm des Massenmenschen die ersten beiden Linien einzutragen: die ungehemmte Ausdehnung seiner Lebenswünsche und darum seiner Person; und die grundsätzliche Undankbarkeit gegen alles, was sein reibungsloses Dasein ermöglicht hat. Man kennt die beiden Züge aus der Psychologie des verwöhnten Kindes und wird in der Tat kaum fehlgehen, wenn man diese als Bezugssystem bei der Untersuchung der Massenseele benutzt. Erbe einer langen, genialen Vergangenheit – genial durch Erleuchtungen und Bemühungen –, ist das neue Volk von seiner Umwelt verwöhnt worden. Jemanden verwöhnen heißt, seine Wünsche nicht beschneiden, ihm den Eindruck geben, daß er alles darf und zu nichts verpflichtet ist. Ein Mensch, der unter solchen Bedingungen aufwächst, hat seine eigenen Grenzen nicht erfahren. Weil ihm jeder Druck von außen, jeder Zusammenprall mit anderen Wesen erspart blieb, glaubt er schließlich, er sei allein auf der Welt, und lernt nicht, mit anderen zu rechnen, vor allem nicht, mit ihnen als Überlegenen zu rechnen. Die Erfahrung fremder Überlegenheit hätte ihm nur jemand verschaffen können, der, stärker als er selbst, ihn gezwungen hätte, sich zu bescheiden, sich Einhalt zu tun. So wäre er auf die wesentliche Einsicht gestoßen: Hier ende ich und beginnt ein anderer, der mir über ist. Den Durchschnittsmenschen anderer Zeiten lehrte seine Umwelt täglich diese elementare Weisheit, denn sie war so primitiv organisiert, daß Katastrophen häufig hereinbrachen und nichts sicher, reichlich und beständig war. Die Lebenslandschaft der neuen Massen dagegen bietet tausend Möglichkeiten und Sicherheit obendrein, und alles fix und fertig, zu ihrer Verfügung, unabhängig von einer vorherigen Bemühung ihrerseits, wie die Sonne am Himmel steht, ohne daß wir sie auf die Schulter gehoben hätten. Kein Mensch dankt dem anderen für die Luft, die er atmet; denn die Luft hat niemand gemacht. Sie gehört zu der Gesamtheit dessen, was »da ist«, wovon wir sagen, daß es »natürlich« ist, weil es nie mangelt. Die verwöhnten Massen nun sind harmlos genug, zu glauben, daß diese materielle und soziale Organisation, die ihnen zur Verfügung steht wie die Luft, desselben Ursprungs ist, da sie, scheinbar, auch nie versagt und fast so vollkommen ist wie Naturdinge.

Meine Behauptung ist also diese: Eben die Vollkommenheit der Organisation, die das 19. Jahrhundert gewissen Lebensordnungen gegeben hat, ist Ursache davon, daß die Massen, denen sie zugute kommt, sie nicht als Organisation, sondern als Natur betrachten. So läßt sich der absurde Seelenzustand, den sie verraten, zugleich erklären und beschreiben: nichts beschäftigt sie so sehr wie ihr Wohlbefinden, und zugleich arbeiten sie den Ursachen dieses Wohlbefindens entgegen. Da sie in den Vorteilen der Zivilisation nicht wunderwürdige Erfindungen und Schöpfungen erblicken, die nur mit großer Mühe und Umsicht erhalten werden können, glauben sie, ihre Rolle beschränke sich darauf, sie mit lauter Stimme zu fordern, als wären sie angeborene Rechte. Bei Hungerrevolten pflegen die Volksmassen Brot zu suchen, und zu dem Zweck zerstören sie die Bäckereien. Das kann als Gleichnis für die Art und Weise dienen, wie sich in größeren und verwickelteren Verhältnissen die heutigen Massen gegenüber der Zivilisation aufführen, die sie ernährt.[1]

---

1 Ihrem eigenen Trieb überlassen, neigt die Masse, sie sei, wie sie sei, plebejisch oder »aristokratisch«, immer dazu, aus Lebensbegierde die Grundlagen ihres Lebens zu zerstören. Als eine anmutige Karikatur dieser propter vitam vitae perdere causas erschien mir immer, was sich in Nijar, einem Flecken nahe Almeria, zutrug, als Karl III. am 13. September 1759 zum König ausgerufen wurde. Die Proklamation erfolgte auf dem Marktplatz. »Darauf wurde angeordnet, daß man jener ganzen großen Versammlung zu trinken gebe, und sie leerten 77 Arroben Wein und vier Schläuche Branntwein, davon sie sich so erhitzten, daß sie sich unter wiederholten Hochrufen in das Vorratshaus begaben, allwo sie allen Weizen, der dort lag, und neunhundert Reale aus den Schatztruhen zu den Fenstern hinauswarfen. Von dort zogen sie zur Tabaksniederlage und befahlen, die Monatsgelder und den Tabak hinauszuwerfen. In den Läden trieben sie es ebenso und ließen, um dem Fest mehr Ansehen zu leihen, was sich an Trinkbarem und Eßbarem dort vorfand, ausschütten. Der geistliche Stand lieh seine Hilfe zu gleichem Ende, denn er forderte mit lauter Stimme die Weiber auf, sie sollten alles hinauswerfen, was es in ihren Häusern gebe, wozu sie sich mit größter Uneigennützigkeit bereit fanden, denn es blieb ihnen weder Brot, Weizen, Mehl noch Teller, Schüsseln, Mörser, Stühle darinnen, so daß die besagte Stadt gänzlich zerstört wurde.«
Nach einem Bericht aus jener Zeit im Besitz von Herrn Sánchez de Toca, den Manuel Danvila in *Reinado de Carlos III.* zitiert, Bd. II, S. 10, Anm. 2. Seiner Königstreue freudigen Ausdruck zu leihen, vernichtete dies Dorf sich selbst. Preiswürdiges Nijar! Dein ist die Zukunft.

VII
Edles Leben und gemeines Leben, oder Energie und Trägheit

Zunächst sind wir, was unsere Welt uns einlädt zu sein, und die Grundzüge unserer Seele sind ihr von ihrer Umgebung wie von einer Form eingeprägt. Natürlich, denn Leben ist nichts anderes als der Umgang mit der Welt. Das Antlitz, das sie uns in großen Umrissen entgegenhält, wird in großen Umrissen das Antlitz unseres Lebens sein. Darum weise ich so nachdrücklich darauf hin, daß die Welt, in welche die Massen heute hineingeboren werden, eine in der Geschichte prinzipiell neue Physiognomie trägt. Während in der Vergangenheit das Leben für den Durchschnittsmenschen gleichbedeutend war mit Schwierigkeiten, Gefahren, Nöten, Schicksalsenge und Abhängigkeit auf allen Seiten, erscheint die neue Welt gesichert, als ein Bereich praktisch unbegrenzter Möglichkeiten, wo niemand von niemandem abhängt. Dieser erste und dauernde Eindruck formt jede zeitgenössische Seele, wie der entgegengesetzte unsere Vorfahren formte. Denn dieser Grundeindruck verwandelt sich gleichsam in eine innere Stimme, die unablässig einige Worte im Tiefsten der Person murmelt und ihr, stetig höhlend, eine Definition des Lebens einprägt, die zugleich ein Imperativ ist.

Und wenn der alte Spruch lautete: »Leben heißt begrenzt sein und also mit dem rechnen müssen, was uns begrenzt«, so schreit der neueste: »Leben heißt nirgends auf Grenzen stoßen und sich darum getrost sich selbst überlassen. Praktisch ist nichts unmöglich und grundsätzlich niemand niemandem überlegen.«

Diese fundamentale Erfahrung verwandelt die überkommene, tausendjährige Verfassung des Massenmenschen von Grund auf. Denn er fühlte sich bisher unabänderlich in ein Gefüge materieller Beschränkungen und höherer gesellschaftlicher Mächte eingeordnet. Das war in seinen Augen das Leben. Wenn es ihm gelang, seine Lage zu verbessern, wenn er sozial aufstieg, schrieb er es einem glücklichen Zufall zu, der gerade ihn begünstigt hatte. Und wenn nicht diesem, so einer ungeheuren Anspannung, von der er nur allzu gut wußte, was sie ihn gekostet hatte. Im einen wie im anderen Fall handelte es sich um eine Ausnahme vom gewöhnlichen Lauf des Lebens und der Welt, die als solche einer besonderen Ursache zu danken war.

Für die neue Masse jedoch ist die volle vitale Bewegung der natürliche und gesicherte Zustand, der keiner besonderen Ursache bedarf. Nichts Äußeres treibt sie, sich Grenzen zu setzen, und in jedem Augenblick mit anderen Instanzen, besonders mit anderen höheren Instanzen zu rechnen. Der chinesische Arbeiter glaubte bis vor kurzem, das Wohl seines Lebens hinge von den persönlichen Tugenden ab, die der Kaiser zu besitzen geruhte. Er stand daher in dauernder Abhängigkeit von jener höchsten Stelle, die sein Wohl und Wehe bestimmte. *Aber der Mensch, den wir analysieren, ist daran gewöhnt, niemals von sich fort auf eine Instanz außer ihm zu blicken.* Er ist zufrieden mit sich, so, wie er ist. Naiv, ohne daß er darum eitel zu sein brauchte, wird er als das Natürlichste von der Welt alles bejahen, was er in sich vorfindet – Ansichten, Triebe, Gesinnungen, Neigungen –, und es gutheißen. Warum nicht? – wenn ihm, wie wir gesehen haben, nichts und niemand zu der Erkenntnis verhilft, daß er ein Mensch zweiter Klasse ist, außerordentlich beschränkt und unfähig, auch nur die Organisation zu schaffen und zu erhalten, welche seinem Dasein jene Weite und Befriedigung gibt, auf die er eine solche Einschätzung seiner Person gründet.

Der Massenmensch hätte niemals an etwas außerhalb seiner appelliert, wenn ihn die *Umstände* nicht mit Gewalt dazu gezwungen hätten. Da die Umstände ihn heute nicht zwingen, verzichtet er, in Einklang mit seiner Anlage, auf jede Befragung und fühlt sich als Herr seines Lebens. Den auserlesenen oder hervorragenden Menschen dagegen kennzeichnet die innere Notwendigkeit, von sich fort zu einer höheren objektiven Norm aufzublicken, in deren Dienst er sich freiwillig stellt. Man erinnere sich, wie wir im Anfang den edlen Menschen von dem gemeinen unterschieden, indem wir sagten, daß jener viel von sich verlangt und dieser, von sich selbst entzückt, sich mit dem begnügt, was er ist.[1] Entgegen der landläufigen Annahme ist es nicht die Masse, sondern der große Einzelne, der seinem Wesen nach in Dienstbarkeit lebt. Sein Leben ist ihm schal, wenn er es nicht im Dienst für etwas Höheres verbraucht. Er sieht in der Notwendigkeit des Dienens keine Last. Wenn er zufällig ihrer enträt, ergreift ihn Unruhe, und er erfindet neue schwierigere und anspruchsvollere Normen, um sich ihnen zu beugen. Das ist Leben als Zucht, adeliges Leben. Adel erkennt man am Anspruch an sich selbst, an den Verpflichtungen, nicht an den Rechten. – Noblesse oblige.

> Nach seinem Sinne leben, ist gemein;
> der Edle strebt nach Ordnung und Gesetz[2].

---

1 Wer sich angesichts irgendeines Problems mit den Gedanken zufriedengibt, die er ohne weiteres in seinem Kopf vorfindet, gehört intellektuell zur Masse. Elite dagegen ist derjenige, der geringschätzt, was ihm mühelos zufällt, und nur seiner würdig erachtet, was über ihm ist und mit einem neuen Ansprung erreicht werden muß.

2 Goethe: »Natürliche Tochter«, Schema der Fortsetzung.

Die Vorrechte des Adels sind ursprünglich nicht Zugeständnisse oder Vergünstigungen, sondern Eroberungen; und ihre Aufrechterhaltung setzt im Prinzip voraus, daß der Privilegierte sie in jedem Augenblick neu zu erobern vermöchte, wenn es nötig wäre und jemand sie ihm streitig machte. Die persönlichen Rechte oder Privilegien sind also nicht ruhender Besitz, in dessen Genuß man schlechtweg ist; sie stellen vielmehr die Grenzen dar, bis zu denen die Anstrengung einer Person vorgestoßen ist. Die allgemeinen Rechte dagegen wie die des »Menschen und Bürgers« sind passives Eigentum, bloße Nutznießung und Pfründe, eine großmütige Gabe des Schicksals an alle, der keine Bemühung entspricht, es sei denn die, daß man atmet und nicht geistesgestört ist.

Es ist ärgerlich, daß ein so beschwingtes Wort wie »Adel« im gewöhnlichen Sprachgebrauch so entartet ist. Denn indem es für viele den Blutsadel, den erblichen Adel bedeutet, bekommt es Ähnlichkeit mit den allgemeinen Menschenrechten und wird etwas Statisches und Passives, das man empfängt und weitergibt wie ein lebloses Ding. Aber in den romanischen Sprachen ist das Etymon des Wortes für Adel – noblesse, nobleza … – durch und durch dynamisch. Nobilis bedeutet den Bekannten; man verstehe recht, den in aller Welt Bekannten, den Berühmten, der sich bekannt gemacht hat, weil er aus der namenlosen Masse herausragte. Adel (nobilitas = Bekanntheit) setzt also eine ungewöhnliche Leistung voraus, die den Ruhm rechtfertigt. Der Adel oder Ruhm des Sohnes ist schon ein bloßes Benificium. Der Sohn ist bekannt, weil sein Vater zu Ruhm gelangte. Sein Ruhm ist reflektiert, und in der Tat hat der erbliche Adel einen indirekten Charakter, er ist gespiegeltes Licht, Mondlicht, ein Mondscheinadel, Totenwerk. Lebendig, echt, dynamisch ist an ihm nur der Ansporn, den er dem Nachkommen gibt, sich auf dem Energieniveau zu halten, das sein Vorfahr erreicht. Immer, auch noch in diesem verblaßten Sinn »verpflichtet der Adel«; der ursprünglich Adelige verpflichtet sich selbst, den erblich Adeligen verpflichtet das Erbe. Aber ein gewisser Widerspruch liegt in jedem Fall in dem Übergang des Adels von dem Gründer auf seine Nachfolger. Folgerichtiger drehen die Chinesen die Erbfolge um; nicht der Vater adelt den Sohn, sondern der Sohn, der den Adel erwirbt, teilt ihn seinen Vorfahren mit und zeichnet seinen niederen Stamm durch seine Leistung aus. Bei der Verleihung des Adelsranges stuft man ihn daher nach der Anzahl der rückwärtigen Generationen ab, auf die er übergeht; es gibt Söhne, die nur ihren Vater adeln, und solche, deren Ruhm sich bis ins fünfte oder zehnte Glied zurückerstreckt. Die Vorfahren leben von dem gegenwärtigen Menschen, dessen Adel wirklich und wirkend ist, der mit einem Wort adelig *ist*, nicht *war*.[1]

Für mich ist Adel gleichbedeutend mit gespanntem Leben, Leben, das immer in Bereitschaft ist, sich selbst zu übertreffen, von dem, was es erreicht hat, fortzuschreiten zu dem, was es sich als Pflicht und Forderung vorsetzt. So stellt sich edles Leben dem gemeinen oder tatlosen gegenüber, das sich bewegungslos in sich selbst verschließt und zu dauerndem In-sich-Beharren verurteilt ist, wenn eine äußere Kraft es nicht zwingt, aus sich herauszugehen. Dies der Grund, warum wir die Menschenart, mit der wir es hier zu tun haben, »Masse« nennen; nicht weil sie zahlreich, sondern weil sie träge ist.

Wenn man im Leben fortschreitet, bemerkt man bis zum Überdruß, wie wenig Menschen zu einer Anstrengung imstande sind, die ihnen nicht als genaue Antwort auf eine äußere Notwendigkeit auferlegt wird. Darum haften die wenigen, die wir einer spontanen, freiwilligen Tat fähig fanden, noch her-

---

1 Da es sich hier nur darum handelt, den ursprünglichen Sinn des Wortes »Adel«, der Erblichkeit ausschließt, wiederherzustellen, bietet sich keine Gelegenheit zur Untersuchung der Tatsache, warum in der Geschichte so oft ein »Blutsadel« auftritt. Diese Frage bleibt also unberührt.

ausgehobener und gleichsam monumentalisiert in unserem Gedächtnis. Sie sind die Ausgezeichneten, die Edlen, die einzigen Aktiven, nicht nur Reaktiven, für welche das Leben eine ständige Spannung, ein unaufhörliches Training ist. Training = askesis. Sie sind die Asketen.

Man wundere sich nicht über diese scheinbare Abschweifung. Um den heutigen Massenmenschen zu schildern, der ebensosehr Masse ist wie der aller Zeiten, aber den Platz der Eliten besetzen möchte, mußten wir ihn den beiden reinen Formen gegenüberstellen, die sich in ihm mischen, der normalen Masse und dem wahrhaft Edlen, dem Energiegeladenen.

Jetzt können wir rascher vorwärtsgehen, denn wir halten nun den Schlüssel oder die psychologische Gleichung des heute herrschenden Menschentypus in Händen. Im weiteren wird es sich um Folgerungen und Zusätze zu dieser Grundstruktur handeln, die wir noch einmal kurz zusammenfassen: Die vom 19. Jahrhundert organisierte Welt hat einen neuen Menschen geschaffen, in den sie gewaltige Gelüste und mächtige Mittel zu ihrer Befriedigung legte – wirtschaftliche, körperliche (Hygiene, durchschnittliche Gesundheit besser als irgendwann), politische und technische (ich verstehe hierunter die gewaltige Masse von praktisch verwertbaren Spezialkenntnissen, die der Durchschnittsmensch heute zum erstenmal besitzt). Nachdem es ihn mit all diesen Fähigkeiten ausgestattet hatte, überließ ihn das 19. Jahrhundert sich selbst, worauf er sich, seiner natürlichen Artung folgend, gegen äußere Einflüsse verhärtete. So ist die Masse, mit der wir es zu tun haben, stärker als in irgendeiner anderen Zeit, aber im Unterschied zu der traditionellen durch nichts und niemand aus ihrer Verkapselung herauszulocken, sich selbst genug – mit einem Wort unbelehrbar. Geht es weiter wie bisher, so wird es in Europa – und rückwirkend in der ganzen Welt – von Tag zu Tag deutlicher werden, daß die Massen in jeder Beziehung unlenkbar sind. In den schweren Stunden, die für unseren Erdteil heraufziehen, ist es möglich, daß sie, plötzlich verängstigt, einen Augenblick lang den guten Willen haben werden, in gewissen besonders drückenden Angelegenheiten die Führung überlegener Gruppen anzunehmen. Aber selbst dieser gute Wille wird scheitern. Denn die Grundverfassung ihrer Seele ist Unzugänglichkeit und Unbelehrbarkeit; es ist ihr angeborener Fehler, nichts zu berücksichtigen, was außerhalb ihres Horizontes ist, seien es Tatsachen, seien es Personen. Sie werden einem Führer zu folgen wünschen und werden es nicht können. Sie werden hören wollen und entdecken, daß sie taub sind.

Andererseits ist es vergeblich, zu hoffen, der tonangebende Durchschnitt werde, so sehr sich sein Lebensniveau gehoben haben mag, imstande sein, aus eigener Kraft den Gang der Zivilisation zu leiten. Ich sage den Gang, noch nicht den Fortgang. Einfach die Aufgabe der Aufrechterhaltung unserer Zivilisation ist außerordentlich verwickelt und verlangt ungewöhnlichen Scharfsinn. Wie soll ihr der Durchschnittsmensch gewachsen sein, der wohl die Werkzeuge der Zivilisation gebrauchen lernte, sich aber durch gründliche Unkenntnis ihrer Prinzipien auszeichnet?

Ich wiederhole für den Leser, der mir geduldig bis hier gefolgt ist, er möge meine Ausführungen nicht so verstehen, daß sie von vornherein einen politischen Sinn erhalten. Die politische Tätigkeit, die wirksamste und sichtbarste im öffentlichen Leben, ist dagegen ihrer Entstehung nach die letzte, die Folge anderer, tiefer liegender und weniger greifbarer. Die politische Unbelehrbarkeit wäre denn auch nicht so schwerwiegend, wenn sie nicht aus einer innerlicheren und entscheidenderen geistigen Unbelehrbarkeit stammte. Darum wird, solange wir diese nicht untersucht haben, der hier vertretenen Theorie die letzte Klarheit fehlen.

VIII
Warum die Massen in alles eingreifen, und warum sie nur mit Gewalt eingreifen

Wir stellten fest, daß sich etwas überaus Paradoxes, aber im Grunde ganz Natürliches zugetragen hat: rein weil dem Mittelmäßigen Welt und Leben offenstanden, hat sich seine Seele geschlossen. Nun wohl; diese Verhärtung der Durchschnittsseelen, behaupte ich, hat den Aufstand der Massen verschuldet, der seinerseits das schwerste Problem bedeutet, das der heutigen Menschheit aufgegeben ist.

Ich weiß, daß manche, die mich lesen, anders denken als ich. Auch das ist sehr natürlich und bestätigt die Theorie. Denn würde sich meine Ansicht am Ende selbst als irrig erweisen, so bleibt doch immer die Tatsache, daß viele dieser Andersmeiner keine fünf Minuten über eine so verwickelte Frage nachgedacht haben. Wie sollten sie also mit mir übereinstimmen? Aber indem sie sich eine Meinung über einen Gegenstand anmaßen, ohne daß sie sich vorher die Mühe genommen hätten, sich eine zu bilden, verraten sie ihre Zugehörigkeit zu jener absonderlichen Spielart von Menschen, die ich die aufständische Masse nannte. Genau das meinte ich, wenn ich von verstockten, verrammelten Seelen sprach. In diesem Fall würde es sich um intellektuelle Verstocktheit handeln. Der Mensch hat einen gewissen Ideenvorrat in sich; er findet, es sei daran genug und er geistig vollkommen ausgestattet. Da er nichts vermißt, was über seinen Horizont geht, richtet er sich endgültig mit diesem Vorrat ein. Das ist der Mechanismus der Verstockung.

Der Massenmensch findet sich vollkommen. Der hervorragende Mensch muß, um sich vollkommen zu finden, ausgesprochen eitel sein. Die Überzeugung von seiner Vollkommenheit ist ein Fremdkörper in seinem Wesen; sie ist nicht ursprünglich in ihm, sondern ein Produkt seiner Eitelkeit und trägt sogar für ihn selbst einen vorgetäuschten, scheinhaften und fragwürdigen Charakter. Darum braucht der Eitle die anderen, damit sie ihm die Meinung, die er gern von sich selber hätte, bestätigen. So daß der Edle auch in diesem krankhaften Fall, auch verblendet durch Eitelkeit, nicht zum rechten Glauben an seine Vollkommenheit gelangen kann. Dem mittelmäßigen Menschen unserer Tage, dem neuen Adam, dagegen fällt es nicht ein, an seiner Gottähnlichkeit zu zweifeln. Sein Selbstvertrauen ist paradiesisch wie Adams; es hindert ihn daran, sich mit anderen zu vergleichen, was die erste Bedingung für die Entdeckung seiner Unzulänglichkeit wäre. Er müßte dazu eine Weile aus seinem eigenen Leben hinaus- und in das seines Nächsten hinüberwandern. Aber die gemeine Seele versteht sich nicht auf Seelenwanderungen – den sublimsten Sport.

Wir haben es hier mit demselben Unterschied zu tun, der seit Ewigkeiten den Narren vom Weisen trennt. Dieser ertappt sich selbst immer zwei Finger breit von einer Torheit; darum bemüht er sich, der ständig lauernden zu entkommen, und in dieser Bemühung liegt seine Klugheit. Der Einfältige aber ist ohne Arg gegen sich selbst; er dünkt sich gewaltig gescheit, und daher die beneidenswerte Genügsamkeit, mit der sich Beschränkte in ihrer eigenen Geistesarmut zur Ruhe setzen. Wie jene Insekten, die man auf keine Weise aus ihren Löchern ausräuchern kann, läßt sich der Dumme nicht aus seiner Dummheit werfen; unmöglich, ihn ein Weilchen ohne Scheuklappen umherzuführen und ihn zu zwingen, daß er sein dumpfes Weltbild mit anderen feineren Arten des Sehens zusammenhält. Dummheit ist lebenslänglich und hoffnungslos. Darum meinte Anatole France, sie sei verhängnisvoller als Bosheit; denn Bosheit setzt manchmal aus, Dummheit nie.[1]

Nicht daß der Massenmensch dumm wäre. Im Gegenteil, der gegenwärtige ist gescheiter, hat größere intellektuelle Fähigkeiten als irgendeiner in der Vergangenheit. Aber diese Fähigkeiten helfen ihm nicht; im Grunde hilft ihm das undeutliche Bewußtsein ihres Besitzes nur dazu, daß er sich noch hermetischer in sich verschließt und sie erst recht nicht gebraucht. Den Wust von Gemeinplätzen, Vorurteilen, Gedankenfetzen oder schlechtweg leeren Worten, den der Zufall in ihm aufgehäuft hat, spricht er ein für allemal heilig und probiert mit einer Unverfrorenheit, die sich nur durch ihre Naivität erklärt, diesem Unwesen überall Geltung zu verschaffen. Das ist es, was ich im ersten Kapitel als das Kennzeichen unserer Epoche hinstellte: nicht daß der gewöhnliche Mensch glaubt, er sei außerordentlich und nicht gewöhnlich, sondern daß er das Recht auf Gewöhnlichkeit und die Gewöhnlichkeit als Recht proklamiert und durchsetzt.

Nichts an der gegenwärtigen Situation ist so neu und unvergleichbar mit irgendeinem Geschehen der Vergangenheit wie

---

1 Ich habe mir oft folgende Frage gestellt: Wie ist es möglich, da doch die Berührung, der Zusammenstoß mit der Dummheit von jeher für viele Menschen zu den qualvollsten Leiden ihres Lebens gehört haben muß, wie ist es möglich, daß dennoch – soviel ich weiß – niemals eine Studie über sie, ein *»Essay über die Dummheit«* geschrieben wurde? Denn die Seiten des Erasmus tun dem Gegenstand nicht genug.

die Herrschaft, welche die geistige Plebs heute im öffentlichen Leben ausübt. In der europäischen Geschichte wenigstens hat sich bis zum heutigen Tag das Volk noch niemals eingebildet, »Ideen« über irgend etwas zu haben. Es hatte Glaubenslehre, Überlieferungen, Erfahrungen, Sprichwörter, Denkgewohnheiten; aber es dünkte sich nicht im Besitz theoretischer Einsichten in das Sein oder Sollsein der Dinge – in Politik etwa oder Literatur. Was der Politker plante oder tat, erschien ihm gut oder schlecht; es stimmte für oder gegen; aber es beschränkte sich darauf, im einen oder anderen Sinn den Resonanzboden für die schöpferische Tat anderer abzugeben. Den »Ideen« des Politikers seine eigenen gegenüberzustellen, ja sie auch nur vor das Tribunal anderer »Ideen« zu ziehen, die es zu besitzen glaubte, wäre ihm niemals eingefallen. Und ebenso in der Kunst und den übrigen Ordnungen des öffentlichen Lebens. Ein angeborenes Gefühl für seine Begrenztheit, seine Uneignung zu theoretischem Denken hinderte es daran.[1] Die selbstverständliche Folge war, daß das Volk auch nicht entfernt daran dachte, auf irgendeinem Gebiet der öffentlichen Tätigkeiten, die größtenteils theoretischer Art sind, Entscheidungen zu treffen.

Heute dagegen hat der Durchschnittsmensch die deutlichsten Vorstellungen von allem, was in der Welt geschieht und zu geschehen hat. Dadurch ist ihm der Gebrauch des Gehörs abhanden gekommen. Wozu hören, wenn er schon alles, was not tut, selber weiß? Es ist nicht mehr an der Zeit zu lauschen, sondern zu urteilen, zu befinden, zu entscheiden. Im öffentlichen Leben gibt es keine Frage, in die er sich, taub und blind, wie er ist, nicht einmischte, seine Ansichten durchsetzend.

Aber ist das nicht ein Vorteil? Bedeutet es nicht einen gewaltigen Fortschritt, wenn die Massen »Ideen« haben, das heißt

---

1 Man versuche nicht, die Frage zu umgehen: jedes Meinen ist theoretisches Denken.

gebildet sind? Ganz und gar nicht. Die »Ideen« dieses durchschnittlichen Menschen sind keine echten Ideen, noch ist ihr Besitz Bildung. Die Idee ist ein Schach, das man der Wahrheit bietet. Wer Ideen haben will, muß zuerst die Wahrheit wollen und sich die Spielregeln aneignen, die sie auferlegt. Es geht nicht an, von Ideen oder Meinungen zu reden, wenn man keine Instanz anerkennt, welche über sie zu Gericht sitzt, keine Normen, auf welche man sich in der Diskussion berufen kann. Diese Normen sind die Grundlagen der Kultur. Es kommt mir nicht auf ihren Inhalt an. Was ich sagen will, ist, daß es keine Kultur gibt, wenn es keine Normen gibt, auf die wir und unsere Gegner zurückgreifen können. Es gibt keine Kultur, wenn es keine Prinzipien des bürgerlichen Rechts gibt. Es gibt keine Kultur, wenn es keine Ehrfurcht vor gewissen Grundwahrheiten der Erkenntnis gibt.[1] Es gibt keine Kultur, wo die wirtschaftlichen Beziehungen von keiner Verkehrsordnung beherrscht werden, unter deren Schutz man sich stellen kann. Es gibt keine Kultur, wo ästhetische Polemiken es nicht für notwendig erachten, das Kunstwerk zu rechtfertigen.

Wo dies alles fehlt, gibt es keine Kultur; es herrscht im genauesten Sinn des Wortes Barbarei. Und Barbarei ist es, geben wir uns keinen Täuschungen hin, die dank der zunehmenden Aufsässigkeit der Massen in Europa anzubrechen droht. Der Reisende, der in ein barbarisches Land kommt, weiß, daß dort keine Bindungen gelten, auf die er sich verlassen kann. Barbarische Normen im eigentlichen Verstand gibt es nicht. Barbarei ist die Abwesenheit von Normen und Berufungsinstanzen.

Der Grad der Kultur bemißt sich nach der Genauigkeit der Normen. Wo sie gering ist, ordnen sie das Leben nur im Gro-

1 Wenn sich unser Partner in der Diskussion nicht darum kümmert, ob er bei der Wahrheit bleibt, wenn er nicht den Willen zur Wahrheit hat, ist er ein geistiger Barbar. So verhält sich aber praktisch genommen der Massenmensch, wenn er spricht, Vorträge hält oder schreibt.

ben; wo sie groß ist, durchdringen sie bis ins einzelne die Ausübung aller Lebensfunktionen.[1]

Niemand kann sich dem Eindruck entziehen, daß in Europa seit Jahren seltsame Dinge vor sich gehen. Als greifbares Beispiel möchte ich gewisse politische Bewegungen wie den Syndikalismus und den Faschismus nennen. Man sage nicht, daß sie seltsam erscheinen, einfach weil sie neu sind. Die Begeisterung für das Neue ist dem Europäer in solchem Maße eingeboren, daß er sich das bewegteste von allen historischen Schicksalen bereitet hat. Wenn also diese neuen Begebenheiten sonderbar anmuten, ist es nicht, weil sie neu, sondern weil sie höchst befremdlich geartet sind. Unter den Marken des Syndikalismus und Faschismus erscheint zum erstenmal in Europa ein Menschentypus, der *darauf verzichtet, Gründe anzugeben und Recht zu haben,* der sich schlechtweg entschlossen zeigt, seine Meinung durchzusetzen. Das ist neu: das Recht darauf, nicht recht zu haben, Grundlosigkeit als Grund. Die neue Einstellung der Masse manifestiert sich nach meiner Meinung am sinnfälligsten in ihrem Anspruch, die Gesellschaft zu führen, ohne dazu fähig zu sein. Aber wenn die Struktur der neuen Seele auch nirgends so grob und unverhüllt zutage tritt wie in ihrem politischen Gebaren, der Schlüssel liegt doch in ihrer geistigen Absperrung. Der durchschnittliche Mensch entdeckt »Gedanken« in sich,

---

1 Die Dürftigkeit der spanischen intellektuellen Kultur zeigt sich nicht darin, daß einer mehr oder weniger weiß, sondern in dem gewohnheitsmäßigen Mangel an Behutsamkeit und Sorgfalt in der Berücksichtigung der wahren Sachverhalte, der bei allen Redenden und Schreibenden offenbar wird. Nicht also darin, ob man recht hat oder nicht – die Wahrheit ist nicht in unserer Hand –, sondern in der Kritiklosigkeit, die dazu führt, daß man die elementaren Voraussetzungen des Rechthabens nicht erfüllt. Wir sind noch immer der ewige Dorfpfarrer, der triumphierend den Manichäer widerlegt, bevor er sich damit befaßt hat, die Gedanken des Manichäers in Erfahrung zu bringen.

aber er kann nicht denken. Er ahnt nicht einmal, wie scharf und rein die Luft ist, in der Gedanken leben. Er will »meinen«, aber er will die Bedingungen und Voraussetzungen alles Meinens nicht anerkennen. Darum sind seine Gedanken in Wahrheit nur Triebe in logischer Verkleidung.

Man ist nur dann im Besitz einer Idee, wenn man im Besitz ihrer Gründe zu sein glaubt, wenn man demnach an Begründbarkeit überhaupt, an die Existenz eines Reiches einsichtiger Wahrheiten, glaubt. Es gibt kein Denken noch Meinen, das nicht an eine solche Instanz appelliert, sich ihr beugt, ihren Kodex und Wahrspruch anerkennt und also die überlegenste Form menschlicher Beziehungen in dem Zwiegespräch sieht, in dem die Vernunftgründe unserer Gedanken erwogen werden. Aber der Massenmensch wäre verloren, wenn er sich in Diskussionen einließe; instinktiv schreckt er zurück vor der Nötigung, diese höchste objektive Instanz anzuerkennen. Das Neueste in Europa ist es daher, »mit den Diskussionen Schluß zu machen«, und man verabscheut jede Form geistigen Verkehrs, die, vom Gespräch über das Parlament bis zur Wissenschaft, ihrem Wesen nach Ehrfurcht vor objektiven Normen voraussetzt. Das heißt, man verzichtet auf ein kultiviertes Zusammenleben, das ein Zusammenleben unter Normen ist, und fällt in eine barbarische Gemeinschaft zurück. Der Massenmensch verachtet alle normalen Zwischenstufen und schreitet unmittelbar zur Durchsetzung seiner Wünsche. Die Unzugänglichkeit seiner Seele, die ihn, wie wir sahen, anstachelt, sich in alle öffentlichen Angelegenheiten zu mischen, führte ihn auch unausweichlich zu einem einzigen Interventionsverfahren: der »direkten Aktion«.

Wenn man später einmal die Anfänge unserer Zeit zu rekonstruieren versucht, wird man finden, daß die ersten Takte ihrer eigentümlichen Melodie um 1900 bei jenen syndikalistischen und realistischen Gruppen in Frankreich erklangen, die das Wort und die Sache der »action directe« erfanden. Der Mensch hat immer wieder seine Zuflucht zur Gewalt genommen; zuweilen war dieser Rekurs schlechthin ein Verbrechen und geht uns nichts an. Aber zuweilen war die Gewalt das Mittel, zu dem er griff, wenn vorher alle anderen versagt hatten. Man mag es beklagen, daß die menschliche Natur gelegentlich zu Gewalttaten führt; aber sind sie nicht im Grunde die schönste Ehrenbezeigung von Vernunft und Gerechtigkeit? Denn was ist Gewalt anders als Vernunft, die verzweifelt; als »Ultima ratio«? Törichterweise ist diese Wendung, die doch die vorangegangene Unterwerfung der Gewalt unter die Norm der Vernunft sehr gut veranschaulicht, meist ironisch verstanden worden. Zivilisation ist der Versuch, die Gewalt zur Ultima ratio zu machen. Das wird uns jetzt nur allzu klar, denn die direkte Aktion dreht die Ordnung um und proklamiert die Gewalt als Prima ratio, genauer als Unica ratio. Sie ist die Norm, die jede Norm aufhebt, die alle Zwischenglieder zwischen unserem Vorsatz und seiner Durchführung ausschaltet. Sie ist die Magna Charta der Barbarei.

Wir erinnern daran, daß die Masse, sooft sie aus diesem oder jenem Grund handelnd in das öffentliche Leben eingriff, es in Form der direkten Aktion getan hat, die also immer die natürliche Art des Vorgehens für sie war. Und die These dieses Buches wird kräftig durch die offenkundige Tatsache gestützt, daß gerade jetzt, da die Führung des öffentlichen Lebens durch die Massen aus einem zufälligen und gelegentlichen zum gewöhnlichen Zustand geworden ist, die direkte Aktion von Rechts wegen und als anerkannte Norm auf der Szene erscheint.

Die neue Ordnung, welche die vermittelnden Instanzen unterdrückt, ergreift schon das ganze Gemeinschaftsleben. Der gesellige Verkehr verzichtet auf die gute Erziehung. Literatur als direkte Aktion besteht aus Schmähungen. Die Beziehungen zwischen den Geschlechtern vereinfachen ihre Präliminarien.

Verhandlungen, Normen, Höflichkeit, Rücksichten, Gerechtigkeit, Vernunft! Warum erfand man das alles? Wozu der ganze Umstand? All das läßt sich in dem Wort der Zivilisation zusammenfassen, das durch den Begriff des civis, des Bürgers, hindurch seinen Ursprung enthüllt. Es dient dazu, die civitas, die Gemeinschaft, das Zusammenleben, zu ermöglichen. Wenn wir in diese Hilfsmittel der Zivilisation hineinleuchten, finden wir darum in allen den gleichen Kern. Sie alle bekunden den ursprünglichen und fortwirkenden Wunsch jedes Individuums, mit allen übrigen zu rechnen. Zivilisation ist in erster Linie Wille zur Gemeinschaft. Man ist so unzivilisiert und barbarisch, wie man rücksichtslos gegen seinen Nächsten ist. Die Barbarei ist die Neigung zur Auflösung der Gesellschaft. Darum waren alle barbarischen Epochen Zeiten der menschlichen Vereinzelung, eines Gewimmels kleinster, getrennter und feindlicher Gruppen.

Die politische Form, die den höchsten Willen zur Gemeinschaft verkörpert hat, ist die liberale Demokratie. Sie zeigt die Bereitschaft zur Anerkennung des Mitmenschen in vollster Entfaltung und ist das Urbild der indirekten Aktion. Der Liberalismus ist das politische Rechtsprinzip, nach welchem die öffentliche Gewalt, obgleich sie allmächtig ist, sich selbst begrenzt und, sei es auch auf ihre eigenen Kosten, in dem Staat, den sie beherrscht, eine Stelle für jene frei läßt, die anders denken und fühlen als sie, das heißt als die Starken, als die Majorität. Der Liberalismus – wir dürfen das heute nicht vergessen – ist die äußerste Großmut; er ist das Recht, das die Majorität der Minorität einräumt, und darum die edelste Losung, die auf dem Planeten erklungen ist. Er verkündet den Entschluß, mit dem Feind, mehr noch; mit dem schwachen Feind zusammen zu leben. Die Wahrscheinlichkeit war gering, daß die Menschheit eine so schöne, geistreiche, halsbrecherische und widernatürliche Sache erfinden würde. So ist es kein Wunder, wenn nun diese selbe Menschheit entschlossen scheint, sie aufzugeben. Ihre Ausübung ist allzu schwierig und verwickelt, als daß sie auf dieser Erde Wurzel schlagen könnte.

Mit dem Feind zusammen leben! Mit der Opposition regieren! Ist eine solche Humanität nicht fast schon unbegreiflich? Nichts verrät die Beschaffenheit der Gegenwart schonungsloser als die Tatsache, daß die Zahl der Länder, wo es eine Opposition gibt, immer mehr abnimmt. Fast überall lastet eine gleichförmige Masse auf der Staatsgewalt und erdrückt jede oppositionelle Gruppe. Die Masse – wer würde es denken beim Anblick ihrer Dichte und Zahl – wünscht keine Gemeinschaft mit dem, was nicht zu ihr gehört; sie hat einen tödlichen Haß auf alles, was nicht zu ihr gehört.

IX
Primitivismus und Technik

Mir liegt viel an der Feststellung, daß die Situation – unsere gegenwärtige –, in deren Analyse wir hier begriffen sind, ihrem Wesen nach zweideutig ist. Darum wies ich im Anfang darauf hin, daß alle Züge der Zeit und besonders der Aufstand der Massen zwei Seiten haben. Sie ertragen nicht nur, sie verlangen eine doppelte Deutung, eine positive und eine negative. Und diese Zweideutigkeit haftet nicht an unserem Urteil, sondern an der Wirklichkeit selbst. Nicht daß sie uns von einem Gesichtspunkt gut und von einem anderen schlecht erschiene, aber sie trägt zwei Gesichter, des Sieges und des Todes. Ich kann diesen Essay nicht mit einer ganzen Metaphysik der Geschichte belasten. Aber es ist klar, daß er auf den unterirdischen Fundamenten meiner philosophischen Überzeugungen ruht, die anderswo dargestellt oder angedeutet sind. Ich glaube nicht an die absolute Determiniertheit der Geschichte. Ich glaube im Gegenteil, daß jedes Leben, und also auch das historische, sich aus reinen Augenblicken zusammensetzt, deren jeder durch den voraufgegangenen nicht eindeutig festgelegt ist, so daß in ihm die Wirklichkeit zögert, piétine sur place, und nicht recht weiß, ob sie sich für diese oder jene unter verschiedenen Möglichkeiten entscheiden soll. Diese metaphysische Unschlüssigkeit teilt allen Lebensdingen jenes Vibrieren und unverwechselbare Erschauern mit.

Die Rebellion der Massen *kann* den Übergang zu einer neuen, ungeahnten Ordnung des menschlichen Lebens, aber sie *kann* ebensogut eine Katastrophe im Leben der Menschheit bedeuten. Daß ein Fortschritt gemacht ist, läßt sich nicht leugnen; aber ihn für gesichert zu halten, erscheint uns unbesonnen. Die Tatsachen sprechen dafür, daß jeder Fortschritt unsicher, jede Entwicklung von Stillstand und Rückschlag bedroht ist. In der Geschichte ist alles möglich – triumphierender, unendlicher Fortschritt wie periodische Rückläufigkeit. Denn das Leben, sei es individuell oder kollektiv, persönlich oder historisch, ist das einzige Sein in der Welt, dessen Wesen Gefahr ist. Es besteht aus Peripetien. Es ist im genauen Sinn des Wortes Drama.[1]

Dies ist eine allgemeine Wahrheit, die in kritischen Momenten wie dem gegenwärtigen erhöhte Bedeutung erhält. So *können* die Anzeichen einer neuen Gebarung, die sich unter der

---

1 Man braucht es kaum noch zu sagen, daß fast niemand diese Ausführungen ernst nehmen und die Bestgesinnten sie für bloße Metaphern, vielleicht für herzbewegende, halten werden. Nur hier und da wird ein unbefleckter Leser, der noch nicht aus dem Grunde zu wissen glaubt, was das Leben ist, oder wenigstens was es nicht ist, sich durch den ursprünglichen Sinn dieser Sätze gewinnen lassen, und gerade er wird sie – seien sie nun wahr oder falsch – *verstehen.* Unter den übrigen wird die herzlichste Übereinstimmung herrschen, mit dem einzigen Unterschied, daß die einen meinen, das Leben sei *»im Ernst«* ein realer Ablauf von Seelenzuständen, während die anderen es für eine Aufeinanderfolge chemischer Reaktionen halten. Ich glaube nicht, daß es meine Lage verbessert, wenn ich so superklugen Lesern, eine ganze Denkweise zusammenfassend, erkläre, daß die *ursprüngliche und wesentliche* Bedeutung des Wortes »Leben« nur an den Tag kommt, wenn man es im Sinn von Biographie, nicht von Biologie gebraucht. Aus dem schlagenden Grund, daß alle Biologie letzten Endes nur ein Kapitel aus bestimmten Biographien ist, nämlich das, was die Biologen während ihres Lebens machen. Alles andere ist Abstraktion, Phantasie, Mythos.

Herrschaft der Massen bemerklich machen und von uns unter dem Namen der »direkten Aktion« zusammengefaßt wurden, auch künftige Vollkommenheit ankündigen. Es ist klar, daß jede alte Kultur im Fortschreiten entartete Gewebe und ein gut Teil Hornhaut ansetzt, Überbleibsel, die das Leben stören und vergiften. Es gibt abgestorbene Institutionen, überlebte und schon sinnlose Werte und Kulte, ungebührlich schwerfällige Lösungen, Normen, die ihre Gegenstandslosigkeit erwiesen haben. Alle diese Stützen der *indirekten Aktion,* der Zivilisation, machen eine Periode der Vereinfachungswut dringend nötig. Frack und Vatermörder der Romantik verlangen nach Rache, die wir jetzt mit déshabillé und Hemdsärmeligkeit nehmen. In diesem Fall ist die Vereinfachung hygienisch und geschmackvoller, daher eine bessere Lösung, wie immer, wenn mit weniger Mitteln mehr erreicht wird. Auch der Baum der romantischen Liebe mußte gestutzt werden; allzuviel falsche Blumen staken in seinem Gezweig, und durch den Schwall der Lianen, Voluten, Schnörkel und Verschlingungen drang kein Sonnenstrahl mehr zu ihm.

Dem öffentlichen Leben im allgemeinen, besonders dem politischen, tat eine Besinnung auf das Eigentliche dringend not; die europäische Menschheit wird den kühnen Sprung, den Vertrauensvolle von ihr erwarten, kaum tun können, wenn sie sich nicht vorher bis auf ihr nacktes Wesen entkleidet, sich wieder mit sich selbst zur Deckung gebracht hat. Die Begeisterung, die ich für diese Kur der Nacktheit und Echtheit empfinde, das Bewußtsein, daß sie unvermeidlich ist, wenn wir uns den Weg in eine würdige Zukunft öffnen wollen, treibt mich, allem Vergangenen gegenüber Gedankenfreiheit zu fordern. Die Zukunft muß über die Vergangenheit herrschen; sie gibt uns das Stichwort für unsere Stellung zu dem, was war.[1]

---

1 Die Forderung der Bewegungsfreiheit gegenüber der Vergangenheit ist keine anmaßende Rebellion, sondern im Gegenteil eine klar erfaßte Pflicht jeder »kritischen Epoche«. Wenn ich den Liberalismus

Aber wir müssen uns vor der Todsünde derer hüten, die das 19. Jahrhundert beherrschten: vor ihrem mangelnden Verantwortungsbewußtsein. Sie vergaßen, wachsam und auf dem Posten zu bleiben. Wer sich von der Strömung eines günstigen Laufs der Ereignisse forttreiben läßt, unempfindlich gegen die Gefahr und Drohung, die noch in der heitersten Stunde lauern, versagt vor der Verantwortung, zu der er berufen ist. Heute wird es notwendig, in denen, die sie fühlen können, eine Überempfindlichkeit für Verantwortung zu wecken; darum ist es dringende Pflicht, die offenkundig verhängnisvollen Seiten der neuen Symptome zu betonen.

Unzweifelhaft überwiegen bei einer Beurteilung des Jahrhunderts, die nicht so sehr an den gegenwärtigen Stand der Dinge denkt, wie an das, was sich darin ankündigt und vorbereitet, die bedenklichen Faktoren bei weitem die günstigen.

Alle Bereicherung der konkreten Lebensmöglichkeiten läuft Gefahr, sich selbst aufzuheben beim Zusammenstoß mit dem beklemmendsten Problem, das je im Schicksal Europas aufgetaucht ist; ich formuliere es noch einmal: Der Führung in der Gesellschaft hat sich ein Menschentypus bemächtigt, den die Prinzipien der Kultur kaltlassen. Nicht dieser oder jener Kultur, sondern – soweit man heute beurteilen kann – jeder Kultur überhaupt. Was ihm am Herzen liegt, sind offenbar Automobile, Anästhetika und ein paar andere Dinge. Aber das bestätigt seine vollständige Gleichgültigkeit gegen die Kultur. Denn diese Dinge sind nur Produkte der Kultur, und der Eifer, mit dem man sich ihnen widmet, läßt die Verständnislosigkeit für

---

des 19. Jahrhunderts gegen die Massen verteidige, die ihn rücksichtslos angreifen, besagt das nicht, daß ich mich im geringsten der Freiheit gegenüber ebendiesem Liberalismus begebe. Umgekehrt: der Primitivismus, der in dieser Untersuchung von seiner schlimmsten Seite erscheint, ist andererseits in gewissem Sinn die Bedingung jedes großen historischen Fortschritts.

die Prinzipien, aus denen sie stammen, noch krasser hervortreten. Es genügt, auf folgende Tatsache hinzuweisen: Seit es die nuove scienze, die Naturwissenschaften, gibt – das heißt seit der Renaissance –, hat die Bewunderung für sie im Lauf der Jahrhunderte stetig zugenommen. Deutlicher gesagt: die Zahl der Menschen, die sich diesen reinen Untersuchungen zuwandten, wuchs im Verhältnis zur Gesamtbevölkerung von einer Generation zur anderen. Der erste – ich wiederhole, relative – Rückschritt ist in der Generation aufgetreten, die heute zwischen zwanzig und dreißig steht. Die Institute der reinen Wissenschaft beginnen an Anziehungskraft für die Studenten zu verlieren. Und das geschieht, während die Industrie ihre höchste Blüte erreicht und das Publikum rege Kauflust für die von der Wissenschaft geschaffenen Apparate und Heilmittel zeigt.

Wäre es nicht zu weitschweifig, so könnten wir eine ähnliche Unstimmigkeit in Politik, Kunst, Moral, Religion und in den Bereichen des täglichen Lebens aufzeigen.

Was bedeutet eine so widerspruchsvolle Lage? Diese Untersuchung behauptet, die Antwort auf die Frage zu wissen. Sie bedeutet, daß der heute herrschende Mensch ein Primitiver, ein Naturmensch ist, der inmitten einer zivilisierten Welt auftaucht. Die Welt ist zivilisiert, aber ihre Bewohner sind es nicht; sie sehen nicht einmal die Zivilisation an ihr, sondern benutzen sie, als wäre sie Natur. Der neue Mensch will das Automobil und genießt es, aber er glaubt, es wächst von selbst an einem Paradiesbaum. Im Grunde seiner Seele weiß er nichts von dem künstlichen, fast unwahrscheinlichen Charakter der Zivilisation und wird niemals seine Begeisterung für die Apparate auf die Theorien ausdehnen, die sie ermöglichen. Als ich an einer früheren Stelle, ein Wort Rathenaus umformend, von dem »Vertikaleinfall der Barbarei« sprach, konnte man glauben – wie man meist tut –, es handle sich nur um eine »Phrase«. Jetzt sieht man, daß die Wendung, mag sie nun eine Wahrheit oder einen Irrtum aussprechen, jedenfalls das Gegenteil einer Phrase ist, nämlich eine sinnerfüllte Benennung, in der sich vielfältige Untersuchungen niedergeschlagen haben. Der Massenmensch unserer Zeit ist in der Tat ein Primitiver, der durch die Kulissen auf die alte Szene der Zivilisation geschlüpft ist.

Immerfort wird jetzt von den fabelhaften Fortschritten der Technik gesprochen, aber ich höre nirgends, auch nicht bei den Besten, daß man sich mit ihrer doch hinreichend spannenden Zukunft beschäftigt. Spengler selbst, der scharfe und tiefe, wenn auch besessene Geist, scheint mir in diesem Punkt allzu vertrauensvoll. Denn er glaubt, daß auf die »Kultur« ein Zeitalter der »Zivilisation« folgen wird, worunter er vor allem die Technik versteht. Die Idee, die Spengler von der »Kultur« und der Geschichte im allgemeinen hat, ist von der hier vorausgesetzten so entfernt, daß es für uns nicht leicht ist, seine Schlüsse heranzuziehen, sei es auch nur, um sie zu berichtigen. Nur wenn man sich über Unterschiede und präzise Wortbedeutungen hinwegsetzt, um beide Gesichtspunkte auf den gleichen Nenner zu bringen, ließe sich die Abweichung dahin festlegen, daß Spengler glaubt, die Technik könne weiterleben, wenn das Interesse für die Prinzipien der Kultur erloschen ist. Mir will es nicht gelingen, an derlei zu glauben. Technik ist ihrem Wesen nach durch Wissenschaft bedingt, und Wissenschaft existiert nicht, wenn sie nicht in ihrer Reinheit und um ihrer selbst willen interessiert, und sie kann nicht interessieren, wenn die Menschen nicht mehr um die allgemeinen Grundlagen der Kultur bemüht sind. Wird dieser Eifer stumpf – wie es zu geschehen scheint –, so kann die Technik nur eine Weile weiterleben, nämlich solange die Trägheit des Kulturimpulses dauert, der sie schuf. Man lebt mittels der Technik, aber nicht aus ihr. Sie nährt und spornt sich nicht selbst, sie ist nicht causa sui, sondern der nützliche praktische Niederschlag unnützer und unpraktischer Beschäftigungen.[1]

---

1 Darum ist nach meiner Meinung nichts damit gesagt, wenn man Nordamerika vermittels seiner »Technik« definiert. Eines der Dinge, die

Ich gelange also zu der Feststellung, daß das momentane Interesse für die Technik ihren Fortschritt oder Fortbestand auf keine Weise verbürgt. Zu Recht betrachtet man die Technik als einen der bezeichnendsten Züge der »modernen Kultur«; das heißt einer Kultur, in der eine praktisch verwertbare Gattung Wissenschaft betrieben wird. Darum blieben mir, als ich das radikal Neue an dem vom 19. Jahrhundert geschaffenen Leben zusammenfaßte, nur diese beiden Züge in der Hand: die liberale Demokratie und die Technik.[1] Aber man vergißt nur zu gern, wenn man von der Technik spricht, daß ihre Lebensader die reine Wissenschaft ist und die Bedingungen ihrer Fortdauer an diejenigen gebunden sind, die reine Wissenschaftsübung möglich machen. Hat man an alles gedacht, was in den Seelen lebendig bleiben muß, damit es weiter »Männer der Wissenschaft« geben kann? Glaubt man im Ernst, es gebe Wissenschaft, solange es Dollars gibt? Dieser Gedanke, bei dem sich viele beruhigen, ist nur ein neuer Beweis für die Simplizität des Jahrhunderts.

Als wäre es ein Kinderspiel, all die widerstreitenden Elemente zusammenzubrauen und umzuschütteln, die zu dem Cocktail der physikochemischen Wissenschaft gehören. Selbst wenn wir das Thema nur leicht und oberflächlich ins Auge fassen, springt der Umstand hervor, daß in der ganzen zeiträumlichen Ausdehnung der Erde und ihrer Geschichte die Physikochemie einzig in dem kleinen Viereck entstehen und zu voller Ent-

---

das europäische Bewußtsein am ärgsten verwirren, ist der Komplex kindischer Urteile über Nordamerika, die man selbst von den Gebildetsten verteidigen hört. Hier liegt ein Sonderfall des Mißverhältnisses zwischen der Verschränktheit der gegenwärtigen Probleme und der Beschränktheit der Geister vor, auf das ich später hinweisen werde.

1 Strenggenommen sind liberale Demokratie und Technik so eng verflochten und aufeinander angewiesen, daß die eine nicht ohne die andere denkbar ist und daher ein dritter allgemeinerer Ausdruck erwünscht wäre, der beide umfaßte. Er wäre der wahrhafte Name, das Kennwort des vorigen Jahrhunderts.

faltung kommen konnte, das durch die vier Punkte London, Paris, Rom, Berlin bezeichnet wird. Und auch dort nur im 19. Jahrhundert. Das beweist, daß die Experimentalwissenschaft eines der unwahrscheinlichsten Erzeugnisse der Geschichte ist. Zauberer, Priester, Krieger und Hirten hat es immer und überall gegeben. Aber diese Fauna des experimentierenden Menschen fordert augenscheinlich zu ihrer Entstehung ein Zusammentreffen von Bedingungen, noch ungewöhnlicher als jene, die das Einhorn hervorbringen. Ein so seltenes, spärliches Vorkommen hätte wohl zu einigem Nachdenken über die äußerst flüchtige Art dieser speziellen Begabung veranlassen dürfen.[1] Ein glänzender Einfall in der Tat, daß Nordamerika, wenn Europa verschwinden sollte, die Wissenschaft *fortführen* könnte.

Es wäre von großer Bedeutung, den Gegenstand erschöpfend zu behandeln und mit aller Sorgfalt im einzelnen darzulegen, welches die lebenswichtigen historischen Voraussetzungen der Experimentalwissenschaften und damit der Technik sind. Aber man hoffe nicht, den Massenmenschen zu überzeugen, selbst wenn die Frage geklärt wäre. Er kümmert sich nicht um Vernunftgründe; er muß seine Erfahrungen am eigenen Leibe machen.

Eine Beobachtung macht mich skeptisch in bezug auf die Wirksamkeit solcher Philippiken, die ihres wissenschaftlichen Charakters wegen nicht ganz auf Feinheit verzichten können. Ist es nicht unbegreiflich, daß sich bei diesem Stand der Dinge der durchschnittliche Mensch nicht aus freien Stücken und ohne Ermahnungen mit höchstem Eifer auf jene Wissenschaften und ihre biologischen Schwesterdisziplinen wirft? Denn man vergegenwärtige sich die heutige Lage: während alle ande-

---

1 Wir wollen nicht von mehr internen Fragen sprechen. Die meisten Forscher haben selbst nicht die leiseste Ahnung von der ernsten und gefährlichen inneren Krisis, die ihre Wissenschaft augenblicklich durchmacht.

ren Kulturdinge fragwürdig geworden sind – Politik, Kunst, die gesellschaftlichen Normen, die Moral selbst –, gibt es eines, das täglich unanfechtbarer und in einer für den Massenmenschen eindrucksvolleren Art seine Kraft erweist: die empirische Wissenschaft. Täglich macht sie neue Erfindungen, die der Durchschnittsmensch benützt; täglich bringt sie ein neues schmerzstillendes Mittel, einen neuen Impfstoff hervor, der dem Durchschnittsmenschen zugute kommt. Jedermann weiß, daß sich, wenn die wissenschaftliche Inspiration nicht nachläßt, bei Verdreifachung oder Verdoppelung der Laboratorien Reichtum, Bequemlichkeit, Gesundheit, Wohlbefinden vervielfachen würden. Kann man sich eine wirksamere und schlagendere Propaganda für ein Lebensprinzip vorstellen? Wie ist es möglich, daß die Massen trotzdem auch nicht im Traum bereit sind, ein Geld- und Sympathieopfer für die bessere Dotierung der Wissenschaft zu bringen? daß die Nachkriegszeit im Gegenteil den Gelehrten zum Paria der Gesellschaft gemacht hat? Und dabei spreche ich von Physikern, Chemikern, Biologen – nicht von den Philosophen. – Die Philosophie braucht weder Schutz noch Beachtung, noch Sympathie von der Masse. Sie pflegt mit Fleiß den Anschein ihrer völligen Nutzlosigkeit[1] und befreit sich damit von jeder Rücksicht auf den Durchschnittsmenschen. Sie weiß sich selbst ihrem Wesen nach problematisch und nimmt heiter ihr freies Schicksal als Singvogel Gottes auf sich, ohne von irgend jemandem zu verlangen, daß er sich um sie kümmere, ohne sich anzupreisen, ohne sich zu verteidigen. Wenn sie jemandem von ungefähr zu etwas nützt, so freut es sie aus schlichter Menschenliebe. Aber sie lebt nicht davon, Fremden zu nützen; sie beabsichtigt und erwartet es nicht. Wie sollte sie den Anspruch erheben, daß jemand sie ernst nimmt, wenn sie mit dem Zweifel an ihrer eigenen Existenz beginnt, wenn sie nur in dem Maße lebt, wie sie sich selbst bekämpft, wie sie sich

1 Aristoteles, Metaphysik, 893, a, 10.

selber fraglich ist? Lassen wir also die Philosophie aus dem Spiel, sie ist ein Abenteuer von anderem Range.

Aber die Experimentalwissenschaften bedürfen der Masse wie die Masse ihrer – bei Todesstrafe; denn die heute lebende Zahl von Menschen kann auf einem Planeten ohne Physikochemie nicht existieren.

Welche theoretischen Überlegungen könnten bewirken, was das Automobil nicht bewirkt, in dem diese Leute herumfahren, was die Pantoponeinspritzung nicht bewirkt, die wie *durch ein Wunder* ihre Schmerzen stillt?

Das Mißverhältnis zwischen den dauernden und offenkundigen Diensten, die ihnen die Wissenschaft leistet, und der Teilnahme, die sie ihr entgegenbringen, ist zu groß, als daß man sich selbst betrügen und von jemandem, der sich so beträgt, etwas anderes als Barbarei erwarten könnte. *Besonders wenn, wie wir sehen werden, diese Gleichgültigkeit gegen die Wissenschaft als solche vielleicht unverhüllter als irgendwo bei der Masse der Techniker selbst, bei Ärzten, Ingenieuren* usw. *auftritt,* die ihren Beruf meistens in der gleichen Einstellung ausüben, in der man sich eines Automobils bedient oder ein Röhrchen Aspirin kauft – ohne die geringste innere Verbundenheit mit dem Schicksal der Wissenschaft, mit der Kultur.

Andere Zeichen der auftauchenden Barbarei, die – von positiver Art, bestehend in einem Tun, nicht einem Unterlassen – mehr in die Augen springen und sich zur Schau stellen, mögen auf manche noch erschreckender wirken; für mich ist das Unverhältnis zwischen dem Vorteil, den der Durchschnittsmensch aus der Wissenschaft zieht, und der Erkenntlichkeit, die er ihr entgegenbringt – ihr vielmehr nicht entgegenbringt –, das Besorgniserregendste.[1] Ich kann mir diese Undankbarkeit nur

1 Wie monströs der Fall ist, zeigt sich besonders daran, daß, wie ich sagte, alle anderen Lebensprinzipien – Politik, Recht, Kunst, Moral, Religion – in einer selbstverschuldeten Krisis stehen und, wenigstens vor-

damit erklären, daß auch die Neger in Innerafrika Automobil fahren und Aspirin schlucken. Der Europäer, der jetzt zu herrschen *beginnt* – das ist meine Hypothese –, ist *im Verhältnis zu der verwickelten Kultur, in die er hineingeboren wird,* ein Barbar, ein Wilder, der aus der Versenkung auftaucht, ein »vertikaler Eindringling«.

übergehend, versagen. Nur die Wissenschaft versagt nicht, sondern erfüllt, was sie verspricht, und mehr, als sie verspricht. Sie hat also keinen Nebenbuhler; man kann die Teilnahmslosigkeit des Durchschnittsmenschen für sie nicht mit seiner Beanspruchung durch irgendeine andere geistige Leidenschaft entschuldigen.

X
Primitivismus und Geschichte

Die Natur ist immer da; sie erhält sich selbst. In ihr, in der Wildnis können wir ungestrafte Wilde sein. Wir können uns sogar dabei beruhigen, es immer zu bleiben, ohne ein weiteres Risiko als die Ankunft anderer Geschöpfe, die es nicht sind. Im Prinzip sind dauernd primitive Völker möglich. Es gibt sie; Breysig hat sie die »Völker der ewigen Morgenröte« genannt; sie verharren in einer stehengebliebenen, gefrorenen Dämmerung, die keinem Mittag weicht.

Das mag in einer Welt gehen, die nur Natur ist; aber es geht nicht in einer zivilisierten Welt wie der unsrigen. Die Zivilisation ist nicht da, erhält sich nicht selbst. Sie ist künstlich und bedarf eines Künstlers. Wenn Sie sich die Vorteile der Zivilisation zunutze machen, sich aber nicht damit abgeben wollen, die Zivilisation zu erhalten ... haben Sie sich gründlich geirrt. Im Handumdrehen werden Sie ohne Zivilisation dasitzen. Ein wenig Gehenlassen, und wenn Sie um sich schauen, ist alles verflogen. Als seien die Teppiche fortgezogen, welche die reine Natur verhüllten, und es erschiene, jungfräulich wie zu Anbeginn, der Urwald. Urwald ist immer primitiv, und umgekehrt: alles, was primitiv ist, ist Urwald.

Die Romantiker aller Zeiten fühlten sich durch jene Vergewaltigungsszenen erregt, in welchen die untermenschliche Natur wieder den bleichen Menschenleib des Weibes deckt; und sie malten den Schwan, wie er auf Leda erbebt, den Stier mit Pasiphae und Antiope unter dem Bock. Allgemein entdeckten sie ein Schauspiel von sublimerer Lüsternheit in der Landschaft mit Ruinen, wo der behauene, geometrische Stein in der Umarmung des wilden Pflanzenwuchses vergeht. Wenn ein rechter Romantiker ein Gebäude von weitem sieht, suchen seine Augen an Giebeln und Dächern zuerst Efeuranken und Moos. Sie verkünden, daß im Grunde alles Erde ist, daß überall wieder der Urwald wuchert.

Es wäre töricht, über den Romantiker zu lachen. *Auch* der Romantiker hat recht. Hinter diesen Bildern von unschuldiger Verderbnis lauert ein gewaltiges und ewiges Problem: das Problem der Beziehungen zwischen der Kultur und dem, was hinter ihr blieb, der Natur, zwischen dem vernünftigen und dem kosmischen Prinzip. Ich behalte es mir vor, bei anderer Gelegenheit diesen Zusammenhängen nachzugehen und, zur rechten Stunde, Romantiker zu sein.

Jetzt bin ich in dem entgegengesetzten Geschäft begriffen. Es handelt sich darum, den Einbruch des Urwalds aufzuhalten. Dem »guten Europäer« ist heute eine ähnliche Aufgabe gestellt wie den australischen Staaten, deren schwerste Sorge es bekanntlich ist, zu verhindern, daß die Kaktusfeige sich weiter ausbreitet und den Menschen ins Meer wirft. In den vierziger Jahren des vorigen Jahrhunderts brachte ein Einwanderer aus den Mittelmeerländern, der sich nach seiner Heimat – Malaga? Sizilien? – sehnte, einen Scherben mit einem Kaktusableger nach Australien. Heute sind die Budgets von Ozeanien mit drückenden Posten für den Krieg gegen die Kaktusfeige belastet; sie hat den Erdteil überfallen und gewinnt alljährlich beträchtlich an Boden.

Der Massenmensch glaubt, daß die Zivilisation, in der er zur

Welt kam und die er benutzt, ursprünglich und selbstverständlich ist wie die Natur, und wird ipso facto zum Primitiven. Die Zivilisation stellt sich ihm als Urwald dar. Ich sagte es schon; doch wollen wir jetzt diese Tatsache etwas schärfer zu fassen suchen.

Die Grundlagen, auf denen die zivilisierte Welt, die es zu erhalten gilt, ruht, existieren für dies Geschlecht nicht. Die fundamentalen Werte der Kultur sind ihm gleichgültig; es fühlt sich nicht mit ihnen verbunden, nicht geneigt, sich in ihren Dienst zu stellen. Wie kam es dazu? Aus manchen Gründen; aber ich will hier nur einen herausheben.

Je weiter die Zivilisation fortschreitet, um so verwickelter und schwieriger wird sie. Die Probleme, die sie heute aufgibt, sind höchst verzwickt. Immer kleiner wird die Zahl der Menschen, deren Geist auf der Höhe solcher Aufgaben ist. Der Nachkrieg bietet hierfür ein recht gutes Beispiel. Die Wiederherstellung Europas ist eine allzu komplizierte Angelegenheit, als daß der gemeine Europäer ihr gewachsen wäre. Nicht daß Mittel zur Lösung fehlten. Es fehlen Köpfe. Genauer, es gibt ein paar Köpfe; aber der Leib Zentraleuropas hat keine Lust, sie sich aufzusetzen.

Dies Mißverhältnis zwischen der Subtilität der Probleme und der Intelligenzen wird, wenn man nicht Abhilfe schafft, ständig zunehmen; und hier rühren wir an die tiefste Tragik der Zivilisation. Einfach weil die Prinzipien, die ihr zugrunde liegen, fruchtbar und gesichert sind, wächst ihr Ertrag an Umfang und Genauigkeit, bis er das Fassungsvermögen des normalen Menschen übersteigt. Ich glaube nicht, daß sich etwas dergleichen jemals in der Vergangenheit zugetragen hat. Alle Zivilisationen sind an der Unzulänglichkeit ihrer Prinzipien zugrunde gegangen. Die europäische droht dem entgegengesetzten Übel zu erliegen. In Griechenland und Rom scheiterte nicht der Mensch, sondern seine Prinzipien. Das Imperium Romanum liquidierte mangels Technik. Als es zum Großstaat geworden war und ein so weitläufiger Verband die Lösung gewisser drängender materieller Probleme heischte, die nur die Technik finden konnte, begann der Abstieg und Verfall der antiken Welt.

Aber jetzt ist es der Mensch, der scheitert, weil er mit dem Fortschritt seiner eigenen Zivilisation nicht Schritt halten kann. Es ist haarsträubend, wenn man die verhältnismäßig Gebildetsten über die einfachsten Tagesfragen sprechen hört. Sie wirken wie grobe Bauern, die mit steifen, dicken Fingern eine Nähnadel vom Tisch zu klauben suchen. Politische und soziale Fragen etwa werden mit dem schwerfälligen Begriffsapparat behandelt, mit dem man vor zweihundert Jahren zweihundertmal weniger zugespitzten Situationen gegenübertrat.

Vorgerückte Zivilisation ist gleichbedeutend mit harten Problemen. Darum ist der Fortschritt je größer, um so gefährdeter. Das Leben wird immer angenehmer, aber immer verwickelter. Es ist klar, daß sich mit der wachsenden Kompliziertheit der Probleme auch die Mittel zu ihrer Lösung vervollkommnen. Aber jede neue Generation muß sich in den Besitz dieser verfeinerten Mittel setzen. Unter ihnen nennen wir – um etwas konkreter zu werden – eines, das trivialerweise mit dem Vorrükken einer Zivilisation verbunden ist; es besteht darin, daß sich hinter ihr Vergangenheit anhäuft, Erfahrung, mit einem Wort Geschichte. Historisches Wissen ist eine Technik ersten Ranges zur Erhaltung und Fortsetzung einer gereiften Zivilisation. Nicht weil es positive Lösungen für die neuen Konflikte des Lebens lieferte – das Leben ist immer wieder anders, als es war –, sondern weil es verhindert, daß die naiven Irrtümer früherer Zeiten wiederbegangen werden. Aber wenn man, nicht genug damit, daß man alt ist und das Leben schwieriger zu werden beginnt, das Gedächtnis verloren hat und keinen Gewinn aus seinen Erfahrungen zieht, so ist alles verloren. Und in dieser Lage, glaube ich, ist Europa. Die gebildetsten Zeitgenossen leiden an einer unglaublichen historischen Ignoranz. Ich behaupte, daß der führende Europäer von heute weit weniger Geschichte weiß als der des 18., ja des 17. Jahrhunderts. Das historische Wissen der damals herrschenden Eliten – herrschend im weitesten Sinn – machte den wunderbaren Fortschritt des 19. Jahrhunderts möglich. Ihre Politik – die des 18. Jahrhunderts – war ausdrücklich darauf hin gedacht, die Irrtümer aller älteren Politiken zu vermeiden, sie war »in Hinblick auf« jene Irrtümer geschaffen und faßte in ihren wesentlichen Teilen eine lange Erfahrung zusammen. Aber schon das 19. Jahrhundert begann an »historischer Kultur« zu verlieren, obgleich in seinem Verlauf die Spezialisten die Historie als Wissenschaft beträchtlich förderten.[1] Dies Nachlassen verschuldete zum guten Teil seine charakteristischen Fehler, an denen wir heute tragen. In seinem letzten Drittel begann, noch unterirdisch, die Wendung, der Rückfall in die Barbarei, das heißt in die Unbeschriebenheit und Primitivität eines Wesens, das keine Vergangenheit hat oder sie vergaß.

Darum sind Bolschewismus und Faschismus, die beiden »neuen« politischen Versuche, die augenblicklich in Europa und seinen Grenzgebieten angestellt werden, deutliche Beispiele eines entschiedenen Rückschritts. Nicht so sehr wegen des positiven Inhalts ihrer Lehren, der für sich genommen natürlich ein Korn Wahrheit enthält – wer auf der Welt hätte nicht ein klein wenig recht? –, als wegen der geschichtsfeindlichen, anachronistischen Art und Weise, mit der sie ihren Teil Wahrheit behandeln. Typische Massenbewegungen, die wie alle ihrer Art von mittelmäßigen, zeitfremden Männern ohne altes Gedächtnis und historischen Sinn geführt werden, benehmen sie sich von Anfang an, als wären sie schon Vergangenheit, als gehörten sie, die doch zu dieser Stunde vorfallen, einer verflossenen Fauna an.

---

1 Schon hier begegnet uns der Unterschied, der uns noch beschäftigen wird, zwischen dem Zustand der Wissenschaft eines Zeitalters und dem Zustand seiner Kultur.

Es handelt sich nicht darum, ob man Bolschewist ist oder nicht. Ich streite nicht über das Credo. Das Unbegreifliche und Zeitwidrige ist, daß ein Kommunist von 1917 eine Revolution anzettelt, die genau so verläuft wie alle früheren und deren Schwächen und Irrtümer auch nicht im geringsten verbessert. Darum sind die Vorgänge in Rußland historisch belanglos; darum sind sie das gerade Gegenteil von einem Neuanfang des menschlichen Lebens. Eine eintönige Wiederholung aller Revolutionen von jeher sind sie, der vollendete Gemeinplatz einer Revolution. Und das in solchem Maße, daß es keine stehende Redensart gibt unter den vielen, welche die alte Menschenerfahrung über Revolution geprägt hat, die nicht hier eine klägliche Bestätigung fände. »Die Revolution verschlingt ihre eigenen Kinder.« – »Die Revolution fängt gemäßigt an, geht dann an die Extremen über und nimmt sehr bald eine rückläufige Bewegung auf eine Restauration zu.« Und so weiter. Solchen ehrwürdigen Binsenwahrheiten könnte man ein paar andere weniger bekannte, aber nicht weniger treffende hinzufügen wie etwa diese: Eine Revolution währt nicht über fünfzehn Jahre, nämlich die Zeit, die eine Generation am Ruder ist.[1]

Wer den Ehrgeiz hat, eine wahrhaft neue Gesellschafts- oder Staatsordnung zu schaffen, muß vor allem darauf sehen, daß

---

1 Eine Generation wirkt rund dreißig Jahre; aber ihre Wirksamkeit zerfällt in zwei Abschnitte und nimmt zwei Formen an: etwa während der ersten Hälfte dieser Periode betreibt die neue Generation die Propaganda ihrer Ideen, Gesinnungen, Neigungen, die sich endlich durchsetzen und während der zweiten Hälfte ihrer Laufbahn gelten. Aber die nächste, unter ihrer Herrschaft erzogene Generation bringt schon andere Ideen, Gesinnungen, Neigungen mit, welche die Atmosphäre des öffentlichen Lebens allmählich verändern. Wenn die Ideen, Gesinnungen, Neigungen der herrschenden Generation extrem und also revolutionär sind, ist die neue Generation gemäßigt und bewahrend, das heißt prinzipiell der Restauration zugeneigt. Allerdings darf man unter Restauration nicht einfach »Rückkehr zum Alten« verstehen, was die Restaurationen niemals gewesen sind.

die Lage, die er heraufbeschwört, diese anspruchslosesten Gemeinplätze der geschichtlichen Erfahrung hinfällig macht. Ich für mein Teil möchte das Prädikat genial jenem Staatsmann vorbehalten, der, kaum daß er zu handeln beginnt, alle Geschichtslehrer aus der Fassung bringt, weil vor ihren Augen die Gesetze ihrer Wissenschaft überrannt, aufgehoben und zum alten Eisen geworfen werden.

Ähnliches läßt sich, nur mit dem entgegengesetzten Vorzeichen, von dem Faschismus sagen. Weder Bolschewismus noch Faschismus sind »auf der Höhe der Zeit«, tragen die ganze Vergangenheit in perspektivischer Verkürzung in sich – die unumgängliche Bedingung zu ihrer Überwindung. Mit dem Gewesenen kämpft man nicht Leib gegen Leib. Die Zukunft besiegt es, weil sie es verschlingt. Wenn sie etwas davon übrigläßt, ist sie verloren.

Bolschewismus und Faschismus sind einer wie der andere falsche Morgenröten; sie führen keinen neuen Morgen herauf, sondern den Morgen eines archaischen Tages, der schon allzuoft aufging; sie sind Rückfälle in die Barbarei. Und das werden alle Bewegungen sein, die, einfältig genug, einen Faustkampf mit diesem oder jenem Teil der Vergangenheit aufnehmen, anstatt sich die ganze fortschreitend zu assimilieren.

Kein Zweifel, daß der Liberalismus des 19. Jahrhunderts überwunden werden muß. Aber der Faschist, der sich für antiliberal erklärt, ist dazu gerade nicht imstande. Denn antiliberal oder nicht-liberal war der Mensch vor dem Liberalismus. Und da dieser einmal triumphierte, wird sich sein Sieg beständig wiederholen, oder es wird alles – Liberalismus und Antiliberalismus – mit der Vernichtung Europas enden. Es gibt eine unerbittliche Chronologie des Lebens. In ihr ist der Liberalismus später als der Antiliberalismus oder, was dasselbe ist, mehr »Leben« als dieser, wie die Kanone mehr »Waffe« ist als die Lanze.

Auf den ersten Blick scheint eine Stellungnahme »gegen etwas« später zu sein als dieses Etwas, da sie ja eine Reaktion darauf bedeutet und somit sein Dasein voraussetzt. Aber das Neue an jedem »Anti« erschöpft sich in einer leeren Gebärde der Verneinung, und sein positiver Gehalt ist nur – eine Antiquität. Wenn sich jemand gegen Pedro erklärt, so heißt das auf die bejahende Form gebracht, daß er sich für eine Welt erklärt, in der es keinen Pedro gibt. Eben das war aber der Fall, bevor Pedro zur Welt kam. Anstatt sich zeitlich hinter Pedro zu stellen, versetzt der Pedro-Gegner sich vor ihn; er läßt den ganzen Film an jener vergangenen Weltstelle noch einmal beginnen, von der aus er doch gnadenlos Pedros Wiederauftritt entgegenrollt. All diesen Anti geht es wie nach der Legende dem Konfuzius, der auf natürliche Weise nach seinem Vater zur Welt kam. Aber o Wunder! Er wurde mit achtzig Jahren geboren, während sein Erzeuger nur dreißig zählte. Ein Anti ist nichts anderes als ein simples, hohles *Nein.*

Es wäre alles sehr einfach, wenn wir mit einem runden *Nein* die Vergangenheit begraben könnten. Aber die Vergangenheit ist ihrem Wesen nach ein revenant. Wenn man sie hinauswirft, kommt sie wieder, unabänderlich. Darum kann man sie nur wahrhaft abtun, wenn man sie nicht hinauswirft, sondern mit ihr rechnet, sich mit dem Blick auf sie bewegt, damit man ihr aus dem Wege gehen kann, kurz, wenn man auf »der Höhe der Zeit« lebt mit feinstem Gefühl für historische Gelegenheiten.

Die Vergangenheit hat Recht, ihr eigenes Recht. Gibt man es ihr nicht, so kommt sie wieder, um es zu fordern, und fordert es bei der Gelegenheit auch da, wo sie es nicht hat. Der Liberalismus hatte in gewisser Weise recht, das muß man ihm lassen, per saecula saeculorum. Aber er hatte nicht ganz recht, und wo er irrt, soll man ihm widersprechen. Europa muß das Wesentliche an seinem Liberalismus bewahren; nur unter dieser Bedingung kann es ihn überwinden.

Wenn ich hier den Faschismus und Bolschewismus betrachte, geschah es nur indirekt, da ich mich lediglich mit seinen unzeitgemäßen Zügen befaßte. Ein solcher Anachronismus haftet nach meiner Meinung allem an, was heute zu triumphieren scheint. Denn heute triumphiert der Massenmensch, und nur Bestrebungen, die von ihm ausgehen und denen er den Stempel seiner Primitivität aufgedrückt hat, können einen sichtbaren Sieg feiern. Darüber hinaus jedoch will ich den eigentlichen Inhalt beider Bewegungen hier nicht erörtern, wie ich auch keinen Anspruch darauf erhebe, in dem ewigen Kampf zwischen Umsturz und Entwicklung ein entscheidendes Wort zu sprechen. Das Äußerste, was diese Untersuchung zu fordern wagt, ist, daß Revolution und Evolution historisch und nicht anachronistisch seien.

Der Gegenstand, dem ich auf diesen Blättern nachgehe, ist politisch neutral, denn er berührt tiefere Schichten als die Politik und ihre Zwistigkeiten. Der Konservative ist nicht mehr und nicht weniger Masse als der Radikale, und dieser Unterschied, der in jeder Epoche sehr oberflächlich war, verhindert es ganz und gar nicht, daß beide von gleichem Schlag sind, aufständisches Volk.

Für Europa ist keine Hoffnung, wenn sein Schicksal nicht in die Hände wahrhaft »zeitgemäßer« Menschen gelegt wird, die den Herzschlag der ganzen historischen Vergangenheit spüren, die gegenwärtige Höhe des Lebens kennen und jede archaische und primitive Gebärde verabscheuen. Wir bedürfen der Geschichte in ihrem vollen Umfang, wenn wir ihr entfliehen und nicht in sie zurückfallen wollen.

XI
Die Epoche des »zufriedenen jungen Herrn«

ZUSAMMENFASSUNG: Wir handeln hier von der neuen gesellschaftlichen Tatsache, daß die europäische Geschichte zum erstenmal von den Entscheidungen des gewöhnlichen Menschen als solchem abhängt. Oder aktiv ausgedrückt: der gewöhnliche Mensch, solange der Geführte, hat beschlossen, die Welt zu regieren. Dieser Beschluß, in den sozialen Vordergrund zu rükken, ist von selbst in ihm entstanden, kaum daß der neue Typus Mensch, den er darstellt, zur Reife gelangt war. Untersucht man die psychische Verfassung dieser neuen Massenmenschenart hinsichtlich ihrer Rückwirkungen auf das öffentliche Leben, so findet man 1. eine unbefangene Gewißheit, daß das Leben leicht, reichlich, ohne schicksalsbestimmte Grenzen ist. Darum ist jedes durchschnittliche Einzelwesen von einem Herrscher- und Siegesgefühl durchdrungen, das es bestimmt, 2. sich selbst, wie es da ist, zu bejahen, seine sittliche und geistige Habe für gut und vollständig zu erklären. Diese Selbstzufriedenheit führt es dazu, keine Autorität neben seiner eigenen anzuerkennen, auf nichts und niemanden zu hören, seine Meinungen nicht in Zweifel zu ziehen und die Existenz des fremden Du zu ignorieren. Das innere Gefühl von Machtvollkommenheit reizt den homo vulgaris unausgesetzt, sein Übergewicht geltend zu machen. Er wird also handeln, als gebe es auf der Welt nur ihn selbst und seinesgleichen, und wird 3. in alles hineinreden und ohne Rücksichten, Überlegungen, Vorbereitungen seine banalen Überzeugungen durchsetzen, gemäß einer »Taktik der starken Hand«.

Dies Gesamtbild ließ uns an gewisse niedere Arten des Menschseins denken, an das verzogene Kind und den rebellischen Wilden, den Barbaren. (Der normale Wilde ist im Gegenteil höheren Mächten gegenüber, der Religion, den Tabus, gesellschaftlicher Überlieferung, Sitten und Gebräuchen, das gefügigste Wesen der Welt.) Man wundere sich nicht, wenn ich diese menschliche Figur mit Schmähworten bedenke. Dies Büchlein ist nur ein erster Angriff auf den Triumphator des Jahrhunderts und die Ankündigung, daß ein paar Europäer sich entschieden gegen seine Tyrannenallüren aufzulehnen gedenken. Jetzt handelt es sich um ein Vorhutgeplänkel, weiter nichts; der Hauptangriff wird bald, vielleicht sehr bald und in wesentlich anderer Form erfolgen. Der Hauptangriff muß so erfolgen, daß der Massenmensch nicht auf ihn gefaßt ist, daß er ihn vor sich sieht und nicht weiß, daß eben dies der Hauptangriff ist.

Das Geschöpf, das sich heute überall breit macht und seine innere Unkultur durchsetzt, ist in der Tat das Hätschelkind der menschlichen Geschichte. Hätschelkind ist der Erbe, der nichts als Erbe ist. Heute ist das Erbteil die Zivilisation mit all ihren Vorteilen – Bequemlichkeit, Sicherheit usw. Nur in dem behaglichen Leben, das sie in der Welt geschaffen hat, kann, so sahen wir, ein Mensch dieser Art aufkommen. Er gehört zu den zahlreichen Mißbildungen, wie sie der Überfluß an der menschlichen Materie hervorbringt. Man glaubt gern, ein Leben, das in eine überreiche Welt hineingeboren ist, sei besser, das heißt mehr Leben als eines, dessen Hauptinhalt der Kampf gegen die Not ist. Aber das ist nicht der Fall – aus strengen und wesentlichen Gründen, die darzulegen hier nicht der Ort ist. Uns genügt statt jener Gründe die Erinnerung an die oft erwähnte Tatsache, die der Tragödie jedes erblichen Adels zugrunde liegt. Dem Erben sind gewisse Lebensbedingungen zugeteilt, die er nicht geschaffen hat, die also nicht in organischem Zusammenhang mit seinem eigenen persönlichen Leben entstehen. Er sieht sich von vornherein durch seine Geburt, ohne zu wissen, warum, im Besitz seiner Reichtümer und Vorrechte. Er selbst hat innerlich nichts damit zu schaffen, weil sie nicht von ihm stammen. Sie sind die gewaltige Rüstung einer anderen Person, seines Vorfahrs. Und ihm fällt zu, »als Erbe« zu leben; das heißt in der Rüstung eines anderen Geschlechts. Was geschieht? Welches Leben wird der Erbe des Adels leben, seines oder das des edlen Stifters? Keins von beiden. Er ist verurteilt, den anderen *darzustellen*, das heißt, nicht der andere und auch nicht er selbst zu *sein*. Sein Leben geht unerbittlich der Echtheit verlustig und verwandelt sich in bloße Darstellung oder Vortäuschung eines fremden Daseins. Der Überfluß der Mittel, die er zu verwalten gezwungen ist, erlaubt ihm nicht, sein eigenes Schicksal zu erfüllen; sein Leben verkümmert. *Jedes Leben kämpft und müht sich um seine Selbstverwirklichung*. Gerade die Schwierigkeiten, auf die es hierbei stößt, wecken und schmeidigen seine Tatlust und seine Fähigkeiten. Wenn mein Körper nicht schwer wäre, könnte ich nicht gehen. Wenn die Luft nicht auf mich drückte, empfände ich meinen Leib als etwas Vages, Schwammiges, Gespenstiges. So verwischt sich mangels Gebrauchs und vitaler Kraftanspannung allmählich die ganze Person des durch Erbe Adeligen. Das Ergebnis ist jene besondere Vertrottelung alter Geschlechter, die mit nichts Ähnlichkeit hat und eigentlich von niemandem in ihrem inneren tragischen Mechanismus beschrieben worden ist – dem inneren tragischen Mechanismus, der jede erbliche Aristokratie ihrer unabänderlichen Entartung zutreibt.

Es sollte dies nur der naiven Annahme entgegengehalten

werden, daß der Überfluß der Mittel eine Begünstigung des Lebens bedeutet. Eine allzugut ausgestattete Welt[1] bringt zwangsläufig jene schweren Deformationen und fehlerhaften menschlichen Typen hervor, die sich unter der allgemeinen Kategorie des »Erben« vereinigen lassen; der »Aristokrat‹ ist nur ein Spezialfall davon, ein anderer ist das verwöhnte Kind, ein anderer, weit umfassenderer und grundsätzlicher in seiner Bedeutung, der Massenmensch unserer Zeit. Andererseits sollte man den Vergleich mit dem »Aristokraten« mehr im einzelnen ausnützen und zeigen, wie viele der Züge, die in allen Völkern und Zeiten für ihn charakteristisch sind, sich der Anlage nach in dem Massenmenschen wiederfinden. Zum Beispiel: die Neigung, Spiel und Sport zur Hauptlebensaufgabe zu machen; die Lust am eigenen Leib (hygienische Lebensweise, Sorgfalt in der Wahl der Kleidung); mangelnde Romantik in der Beziehung zur Frau; daß man sich an dem Gelehrten ergötzt, ihn im Grunde aber verachtet und von den Lakaien oder Sbirren auspeitschen läßt; daß man lieber unter einer absoluten Gewalt als im freien Meinungsaustausch miteinander lebt usw.[2]

---

1 Man verwechsle die Zunahme und selbst die Fülle der Mittel nicht mit dem Überfluß. Im 19. Jahrhundert wird das Leben immer leichter, und davon rührt seine überraschende – quantitative und qualitative – Steigerung her, auf die wir früher hingewiesen haben. Aber es gab einen Augenblick, wo die zivilisierte Welt, verglichen mit der Aufnahmefähigkeit des Durchschnittsmenschen, einen Zug *übermäßigen und überflüssigen* Reichtums annahm. Ein einziges Beispiel dafür: die Sicherheit, die der Fortschritt (i. e. die stetig wachsende Zunahme vitaler Vorteile) zu gewähren schien, verdarb den gewöhnlichen Menschen, indem sie ihm ein Selbstvertrauen einflößte, das übertrieben und daher hemmend und töricht ist.

2 Hierin wie in anderen Dingen scheint die englische Aristokratie eine Ausnahme zu bilden. Aber man braucht sich nur die allgemeinen Umrisse der englischen Geschichte zu vergegenwärtigen, um zu erkennen, daß ihr höchst bewundernswerter Fall nur die Ausnahme ist, welche die Regel bestätigt. Entgegen der gewöhnlichen Meinung hat der

Ich betone nochmals mit aufrichtigem Bedauern, daß dieser Mensch voll ungeschliffener Neigungen, dieser neueste Barbar ein Erzeugnis der modernen Zivilisation, besonders jener Form ist, welche sie im 19. Jahrhundert annahm. Er ist nicht von außen in die zivilisierte Welt eingebrochen wie die »großen weißen Barbaren« des 5. Jahrhunderts; er ist auch nicht durch geheimnisvolle Urzeugung in ihr entstanden wie nach Aristoteles die Kaulquappen im Teich; er ist ihre natürliche Frucht. Man kann ein Gesetz aufstellen, welches Paläontologie und Biogeographie bestätigen, nämlich daß sich menschliches Leben nur dann gebildet und fortentwickelt hat, wenn die Mittel, über die es verfügte, mit den Problemen, die es in sich trug, im Gleichgewicht waren. Das stimmt in der geistigen wie in der physischen Welt. So gedeiht, um ein sehr konkretes Beispiel aus dem körperlichen Leben zu nennen, die menschliche Spezies am besten in jenen Gegenden des Planeten, wo der heißen Jahreszeit durch scharfe Kälte das Gleichgewicht gehalten wird. In den Tropen entartet das Menschentier, und umgekehrt sind die niedrigen Völker, wie zum Beispiel die Pygmäen, von nach ihnen geborenen, aber höher stehenden Rassen in die Tropen gedrängt worden.[1]

---

englische Adel seltener im Überfluß und dauernder in Gefahr gelebt als irgendeiner in Europa. Und weil er immer in Gefahr lebte, hat er sich in Respekt zu setzen gewußt – was unermüdliche Kampfbereitschaft voraussetzt. Man vergißt den wesentlichen Umstand, daß England bis weit ins 18. Jahrhundert hinein das ärmste Land Europas war. Eben das rettete den Adel. Da er nicht mit Reichtümern gesegnet war, mußte er sich von vornherein zu kaufmännischer und industrieller Tätigkeit verstehen, was auf dem Kontinent für unedel galt; das heißt, er entschloß sich sehr rasch, wirtschaftlich produktiv zu leben und sich nicht an seine Privilegien zu klammern.

1 Vgl. K. Olbricht: *Klima und Entwicklung*. Versuch einer Bioklimatik des Menschen und der Säugetiere. Jena 1923.

Die Zivilisation des 19. Jahrhunderts nun ist von solcher Art, daß sie dem Durchschnittsmenschen gestattet, sich in einer Welt des Überflusses einzurichten, von der er nur die Üppigkeit der Mittel, aber nicht die Schwierigkeiten sieht. Er findet bequeme Gesetze, vorsorgende Staaten, fabelhafte Apparate, heilkräftige Medizinen vor. Aber er weiß nicht, wie schwer es ist, die Medizinen und Apparate zu erfinden und ihre Herstellung für die Zukunft zu sichern; er merkt nicht, wie unsicher die Organisation des Staates ist, und kaum, daß er irgendeine Verpflichtung in sich fühlt. Dieser Ausfall verfälscht und verdirbt ihn an der Wurzel seines Daseins, denn er bringt ihn um die Fühlung mit der Substanz des Lebens, welche letzte Gefahr und radikale Fragwürdigkeit ist. Die widerspruchsvollste menschliche Gestalt, die das Leben hervorbringen kann, ist der »zufriedene junge Herr«. Wenn er zur tonangebenden Figur wird, ist es notwendig, Alarm zu blasen und zu verkünden, daß der Menschheit Entartung droht. Das vitale Niveau ist im heutigen Europa höher als irgendwann in der menschlichen Vergangenheit; aber es ist zu fürchten, daß es in der Zukunft seinen Stand weder wahren noch steigern, sondern im Gegenteil auf tiefere Zustände zurücksinken wird.

In hinreichender Deutlichkeit kommt das meiner Meinung nach an jeder monströsen Erscheinung zum Ausdruck, die ich den »zufriedenen jungen Herrn« zu nennen pflege. Der »junge Herr« ist ein Mensch, der zur Welt gekommen ist, um das zu tun, wozu er Lust hat. Denn damit ist tatsächlich die Vorstellung charakterisiert, die sich der Familiensohn vom Leben macht. Wir wissen, warum: In der Familie kann alles bis zu den schwersten Verbrechen letzten Endes unbestraft bleiben. Die Familienatmosphäre ist verhältnismäßig künstlich und duldet viele Handlungen, die für den Täter in der Gesellschaft, in der Luft der Straße, unausbleiblich schlimme Folgen nach sich zögen. Aber der »junge Herr« meint, daß er sich außerhalb des Hauses genauso benehmen kann wie zu Hause, daß nichts verhängnisvoll, endgültig und unwiderruflich ist, kurz, daß er tun kann, was ihm eben einfällt.[1]

Er befindet sich im Irrtum. Vossa mercê irá a onde o leven (Euer Gnaden gehen, wohin man Sie führt), wie man in der portugiesischen Fabel dem Papageien zu verstehen gibt. Nicht daß ein *Verbot* uns hinderte, zu handeln, wie wir möchten; aber wir können nur das tun, was wir tun *müssen*, was wir sein *müssen*. Allerdings ist uns freigestellt, uns diesem Muß zu entziehen; aber das gibt uns noch nicht die Möglichkeit, das andere zu tun, wozu wir Lust haben. Wir besitzen in diesem Punkt nur eine negative Willensfreiheit, einen *Nicht-Willen*. Es steht uns durchaus frei, von unserer wahrhaften Bestimmung zu desertieren, aber nur um als Gefangene in die unteren Stockwerke unseres Schicksals zu fallen. Ich kann das nicht jedem einzelnen meiner Leser an seinem persönlichen Geschick, insofern es rein persönlich ist, klarmachen, weil ich nicht jeden einzelnen meiner Leser kenne; wohl aber an jenen Elementen seines Schicksals, die ihm mit allen anderen gemeinsam sind. So ist heute jedermann viel tiefer als von all seinen handfesten »Theorien« und »Ideen« davon überzeugt, daß der gegenwärtige europäische Mensch liberal zu sein hat. Wir wollen nicht streiten, ob diese oder jene Form der Freiheit gefordert ist. Ich spreche nur davon, daß der reaktionärste Europäer im Grunde seines Herzens weiß, daß Europa den Grundsätzen, für die der Liberalismus des vorigen Jahrhunderts focht, nicht entlaufen

---

1 Was das Haus gegenüber der Gesellschaft, ist in größerem Maßstab die Nation gegenüber der Gesamtheit der Völker. Eine der deutlichsten und schwerwiegendsten Äußerungen des herrschenden »Jungherrentums« ist, wie wir sehen werden, der Entschluß einiger Nationen, in der internationalen Lebensgemeinschaft »zu tun, was ihnen einfällt«. Sie nennen das treuherzig »Nationalismus«. Und ich, der ich die Bigotterie des Internationalismus verabscheue, finde andererseits diese vorübergehenden Junkerallüren der am wenigsten dazu berufenen Völker grotesk.

kann, daß sie zum Wesen des abendländischen Menschen gehören, ob er will oder nicht.

Auch wenn es sich klipp und klar zeigen sollte, daß alle konkreten Mittel zur Verwirklichung dieses dem europäischen Schicksal unauslöschlich eingeprägten Gebotes der politischen Freiheit bis jetzt falsch und unheilvoll waren, so bleibt doch als letzte Einsicht bestehen, daß es *seinem Wesen* nach recht hatte. Diese letzte Einsicht wirkt im europäischen Kommunisten wie im Faschisten, so gewaltig sie auch reden, um sich und uns vom Gegenteil zu überzeugen, und wirkt ebenso – ob er will oder nicht, ob er daran glaubt oder nicht – in dem Katholiken, der sich in aufrichtiger Verehrung vor dem Dogma beugt.[1] Sie alle »wissen«, daß hinter den guten Gründen, mit denen sie den Liberalismus bekämpfen, seine Wahrheit unangetastet fortdau-

1 Wer mit Kopernikus *glaubt*, daß die Sonne nicht zum Horizont hinuntersinkt, *sieht* sie doch sinken, und da dem Sehen eine unmittelbare Überzeugungskraft innewohnt, dauert der ursprüngliche Glaube unter dem abgeleiteten fort; nur setzt das physikalische Wissen die Folgen des spontanen Eindrucks außer Kraft. Ebenso leugnet der Katholik mit seinem dogmatischen seinen eigenen *echten* liberalen Glauben. Der Hinweis auf den Fall des Katholiken dient hier nur als Beispiel zur weiteren Beleuchtung des oben auseinandergesetzten Gedankens; aber die radikale Kritik, die ich an dem Massenmenschen unserer Zeit, an dem »zufriedenen jungen Herrn« übte, gilt nicht für ihn. Er stimmt mit diesem nur in einem Punkt überein. Was ich dem »jungen Herrn« vorwerfe, ist der Mangel an Echtheit, der fast sein ganzes Wesen durchdringt. Der Katholik ist nur in einigen Punkten seines Wesens nicht echt. Aber selbst diese teilweise Übereinstimmung ist nur scheinbar. Der Katholik ist nicht echt in einem Teil seines Wesens – in allem, was er, ob er will oder nicht, vom modernen Menschen hat –, *weil* er einem anderen wahrhaften Teil seines Wesens treu bleiben will, seinem religiösen Glauben. Das besagt, daß die Bestimmung des Katholiken in sich selber zwiespältig ist. Und indem er seinen Teil an Unwahrheit auf sich nimmt, erfüllt er sein Schicksal. Der »junge Herr« dagegen verrät sich selbst mit Haut und Haar aus purer Leichtfertigkeit – gerade um jeder Tragik aus dem Wege zu gehen.

ert, da sie nicht theoretisch, wissenschaftlich, verstandesmäßig, sondern von grundsätzlich anderer und entscheidender Art ist – eine Wahrheit der Schicksalsbestimmung. Theoretische Wahrheiten sind nicht nur diskutierbar, sondern ihre ganze Bedeutung und Kraft besteht darin, daß sie diskutiert werden; sie entstehen aus der Diskussion, leben, solange sie diskutiert werden, und werden *ausschließlich* für die Diskussion gemacht. Aber die Bestimmung – was wir als lebende Wesen sein oder nicht sein sollen – wird nicht diskutiert, sie wird hingenommen oder abgelehnt. Wenn wir sie hinnehmen, sind wir echt; wenn wir sie ablehnen, sind wir die Verneinung, die Verfälschung unserer selbst.[1] Unsere Bestimmung fällt nicht mit dem zusammen, was wir gern täten; eher erkennt man ihr klares und strenges Gesicht an dem, was sie uns entgegen unserer Neigung zu tun aufgibt.

Nun wohl: der »zufriedene junge Herr« ist dadurch gezeichnet, daß er »weiß«, gewisse Dinge können nicht geschehen, und gerade deshalb in Worten und Handlungen die gegenteilige Überzeugung vortäuscht. So erhebt sich der Faschist gegen die politische Freiheit, gerade weil er weiß, daß sie zu guter Letzt und im Ernst nie versagen kann, daß sie da ist, unerschütterlich, im innersten Wesen des europäischen Lebens, und daß man immer auf sie zurückgreifen kann, wenn es in Wahrheit not tut, wenn es ernst wird. Denn dies ist die Grundtatsache im Dasein des Massenmenschen: der Unernst, das »Im-Scherz«. Was er macht, macht er »als ob«, wie der Familiensohn seine

1 Erniedrigung und Verrohung sind die Lebensform dessen, der sich seiner Bestimmung entzogen hat. Sein wahrhaftes Sein stirbt nicht, es wird zum anklagenden Schatten, zum Gespenst, das ihm die Gemeinheiten seines wirklichen Daseins, verglichen mit dem ihm aufgetragenen, in immer erneuter Erinnerung hält. Der Fahnenflüchtling des Lebens ist ein überlebender Selbstmörder.

Dummheiten. Aller Eifer, mit dem man bestrebt ist, in jeder Lebenslage tragische, letzte, schicksalsschwere Haltungen anzunehmen, ist leerer Schein. Man spielt Tragödie, weil man die wirkliche Tragödie in unserer zivilisierten Welt für unwahrscheinlich hält.

Wir sind zum Glück nicht gezwungen, das als das wahrhafte Wesen einer Person anzusehen, was sie dafür ausgeben möchte. Wenn einer steif und fest behauptet, daß er glaube, zwei mal zwei sei fünf, und kein Grund vorliegt, ihn für gestört zu halten, so müssen wir annehmen, daß er es nicht glaubt, soviel er auch schreit, und ließe er sich für seine Überzeugung selbst hängen.

Ein Wind allgemeiner, alles ergreifender Hanswursterei weht in Europa. Fast alle Stellungen, die man bezieht und zur Schau stellt, sind innerlich verlogen. Wenn man eine Anstrengung macht, ist es nur, um dem eigenen Schicksal zu entlaufen, vor seiner Gewißheit und tiefen Forderung die Augen zu schließen und jede Konfrontation mit *dem, was sein soll,* zu vermeiden. Man lebt possenhaft, und das um so mehr, je düsterer die Maske ist, die man sich vorhält. Das Leben wird zur Posse, wenn man von unverbindlichen Haltungen lebt, für welche die Person sich nicht ganz und rückhaltlos einsetzt. Der Massenmensch haftet mit seinen Füßen nicht auf dem festen, dauernden Boden seines Schicksals; sein scheinhaftes Dasein hängt in der Luft. Darum ließen sich niemals vorher die gewichts- und wurzellosen Existenzen – déracinés ihres Schicksals – so leicht von jeder Strömung mitreißen. Dies ist das Zeitalter der Strömungen und des Mitgerissenseins. Es ist so gut wie niemand da, der den oberflächlichen Wirbeln, die sich in Kunst, Wissenschaft, Politik, gesellschaftlichen Sitten bilden, Widerstand entgegensetzte. Darum triumphiert mehr als je die Rhetorik. Der Surrealist glaubt, die ganze Literaturgeschichte überwunden zu haben, wenn er, wo andere »Jasmine, Schwäne und Satyrn« schrieben, ein Wort einsetzt, das wir nicht zu schreiben brauchen; aber es ist klar, daß er damit einzig eine andere Rhetorik aufgebracht hat, die solange im Rinnstein lag.

Wir verstehen die gegenwärtige Lage besser, wenn wir, unbeschadet ihrer Besonderheiten, auf die Seiten hinweisen, die ihr mit früheren gemein sind. So tritt um das 3. Jahrhundert v. Chr. – kaum daß die Mittelmeerkultur ihren Gipfel erreicht hat – der Zyniker auf. Diogenes stapft mit seinen beschmutzten Sandalen über die Teppiche des Aristipp. Es wimmelte von Zynikern; sie standen hinter allen Ecken und auf jedem Stein. Aber ihre ganze Geschäftigkeit lief einzig auf eine Sabotage der damaligen Kultur hinaus. Sie waren die Nihilisten des Hellenismus. Niemals schufen noch taten sie irgend etwas. Ihre Rolle war das Verneinen, besser gesagt, der Versuch zu verneinen, denn auch diese Absicht erreichten sie nicht. Der Zyniker, der Schmarotzer der Zivilisation, lebt davon, sie zu verneinen, gerade weil er überzeugt ist, daß sie ihn nicht im Stich lassen wird. Was sollte ein Zyniker unter den Wilden tun, wo alle von Natur und im Ernst betreiben, was er zum Spaß als seine persönliche Rolle agiert? Was ist ein Faschist, wenn er die Freiheit nicht schmähen, und ein Surrealist, wenn er der Kunst nicht absagen kann?

Man kann kein anderes Benehmen von einem Menschentypus erwarten, der in einer allzugut eingerichteten Welt geboren ist und nur ihre Vorteile, nicht ihre Gefahren bemerkt. Die Umgebung verwöhnt ihn, denn sie ist »Zivilisation«, das heißt ein Haus; und das Familiensöhnchen sieht keine Veranlassung, seine Launen in Zucht zu nehmen, auf äußere, ihm überlegene Stimmen zu hören, und fühlt sich am allerwenigsten gedrängt, an den unerbittlichen Grund seiner eigenen Schicksalsbestimmung zu rühren.

XII
Die Barbarei des Spezialistentums

UNSERE BEHAUPTUNG WAR, daß die Zivilisation des 19. Jahrhunderts zwangsläufig den Massenmenschen hervorgebracht hat. Wir dürfen die allgemeine Auseinandersetzung nicht schließen, ohne die Mechanik dieses Vorgangs in einem speziellen Fall geschildert zu haben. So gewinnt die Behauptung, indem sie gegenständlicher wird, an Überzeugungskraft.

Die Zivilisation des 19. Jahrhunderts, sagte ich, läßt sich unter zwei großen Gesichtspunkten zusammenfassen: liberale Demokratie und Technik. Berücksichtigen wir jetzt nur die letzte. Die zeitgenössische Technik entspringt der Verbindung des Kapitalismus mit den Experimentalwissenschaften. Nicht jede Technik ist wissenschaftlich. Der Erfinder der Feuersteinaxt wußte nichts von Wissenschaft und schuf trotzdem eine Technik. China gelangte zu einem hohen Grade technischer Fertigkeiten, ohne im geringsten etwas von der Existenz der Physik zu ahnen. Nur die moderne europäische Technik hat eine wissenschaftliche Wurzel, und daher stammt ihr eigentümlicher Charakter, die Möglichkeit eines unbegrenzten Fortschritts. Die übrigen Techniken – die mesopotamische, ägyptische, griechische, römische, orientalische – wachsen bis zu einem gewissen Punkt ihrer Entwicklung, den sie nicht überschreiten können, und beginnen, kaum daß sie ihn erreicht haben, zu stokken und kläglich zu verfallen.

Diese beispiellose abendländische Technik hat die beispiellose Fruchtbarkeit der europäischen Rasse möglich gemacht. Man erinnere sich der statistischen Angaben, von denen wir ausgingen und die, wie ich sagte, alle diese Überlegungen im Keim enthalten. Vom 5. Jahrhundert bis 1800 kommt die Einwohnerzahl Europas nicht über 180 Millionen; von 1800 bis 1914 steigt sie auf 460 Millionen. Der Sprung steht einzig da in der menschlichen Geschichte. Daß die Technik, gemeinsam mit der liberalen Demokratie, den Massenmenschen im quantitativen Sinn des Wortes erzeugt hat, bedarf keiner weiteren Begründung. Aber unsere Absicht war, zu zeigen, daß sie auch im Sinn der Qualität, der schlechten Qualität, für ihn verantwortlich ist.

Unter Masse, so warnte ich gleich zu Anfang, soll nicht speziell der Arbeiter verstanden werden; Masse bezeichnet hier keine gesellschaftliche Klasse, sondern eine Menschenklasse oder -art, die heute in allen gesellschaftlichen Klassen vorkommt und darum charakteristisch für unser Zeitalter ist, das sie bestimmt und beherrscht. Wir werden dies im folgenden nur allzu deutlich sehen.

Wer hat heute die gesellschaftliche Macht in Händen? Wer drückt der Zeit den Stempel seiner geistigen Verfassung auf? Ohne Zweifel das Bürgertum. Wer gilt im Bürgertum als die vornehmste Gruppe, als der Adel der Gegenwart? Ohne Zweifel die Gebildeten: der Ingenieur, Arzt, Finanzmann, Lehrer ... Wer innerhalb dieser Gruppe stellt sie am vollkommensten und reinsten dar? Ohne Zweifel der Wissenschaftler. Wenn ein Sternenwesen heute Europa besuchte und in der Absicht, es zu beurteilen, den Menschentypus erfragte, nach dem es am liebsten gewertet sein wollte, Europa würde unzweifelhaft, willfährig und eines günstigen Spruches gewiß, auf seine Männer der Wissenschaft deuten. Das Sternenwesen würde natürlich nicht den hervorragenden einzelnen, sondern die Regel, den allgemeinen Typus »Wissenschaftler«, suchen, den Gipfel des europäischen Menschentums.

Nun wohl, es erweist sich, daß der heutige Wissenschaftler das Urbild des Massenmenschen ist. Und nicht zufällig, nicht durch persönliche Mängel jedes einzelnen Exemplars, sondern weil die Wissenschaft selbst, die Wurzel der Zivilisation, ihn unentrinnbar zum Massenmenschen, das heißt zum Primitiven, zu einem modernen Barbaren macht.

Die Erscheinung ist nicht neu und oft genug festgestellt worden; aber nur im Zusammenhang dieser Untersuchung wird ihr Sinn und Gewicht völlig deutlich.

Die Experimentalwissenschaft hebt Ende des 16. Jahrhunderts mit Galilei an,[1] Newton gibt ihr Ende des 17. ihre prinzipielle Verfassung, und um die Mitte des 18. Jahrhunderts beginnt sie sich zu entfalten. Die Entfaltung einer Disziplin ist verschieden von ihrer Begründung und anderen Bedingungen unterworfen. So zwang die Begründung der Physik, im Sinn eines Sammelnamens für die Experimentalwissenschaften, zu einer starken Synthese. Das war das Werk Newtons und seiner Zeitgenossen. Aber die Entwicklung der Physik stellte eine andere, der Synthese entgegengesetzte Aufgabe. Wenn die Wissenschaft fortschreiten soll, müssen sich ihre Vertreter spezialisieren. Die Wissenschaftler, nicht die Wissenschaft. Die Wissenschaft ist nicht speziell. Sie hörte sonst ipso facto auf, wahr zu sein. Nicht einmal die Erfahrungswissenschaft als Ganzes ist wahr, wenn man sie von der Mathematik, der Logik, der Philo-

1 Bei dieser Gelegenheit erinnern wir füglich an jene Szene, falls man sie vergessen haben sollte, eine der lächerlichsten, unwürdigsten und abscheulichsten, die auf dem Planeten Erde vorgefallen sind, als am 26. Juni des Jahres 1633 Galilei, ein Greis von siebzig Jahren, vor dem Sanctum Officium in Rom niederknien und die Physik verleugnen mußte.

sophie trennt. Aber die wissenschaftliche Arbeit hat unvermeidlich speziellen Charakter.

Es wäre interessant und nützlicher, als es auf den ersten Blick scheint, eine Geschichte der physikalischen und biologischen Wissenschaften unter dem Gesichtspunkt der wachsenden Spezialisierung in der Arbeit der Forscher zu schreiben. Sie würde zeigen, wie sich der Wissenschaftler von einer Generation zur anderen immer mehr beschränkt, auf ein stets engeres geistiges Betätigungsfeld festgelegt hat. Aber was eine solche Geschichte uns vor allem lehren könnte, wäre nicht dies, sondern das Inverse: wie von einer Generation zur anderen der wissenschaftliche Mensch, weil er seinen Arbeitskreis zusammenziehen mußte, fortschreitend die Fühlung mit den übrigen Teilen der Wissenschaft, mit einer deutenden Durchdringung des ganzen Universums, verlor, die doch allein den Namen europäischer Wissenschaft, Kultur, Zivilisation verdient.

Die Entwicklung der Einzelwissenschaften hebt gerade in einer Zeit an, die für den gebildeten Menschen den Namen des Enzyklopädisten, des »Alleswissers«, geprägt hat. Das 19. Jahrhundert beginnt seinen Lauf unter der Führung von Menschen, die enzyklopädisch leben, obgleich ihre schöpferische Arbeit schon einen speziellen Charakter trägt. In der nächsten Generation hat sich der Schwerpunkt bereits verschoben, das einzelwissenschaftliche Interesse beginnt, in jedem Gelehrten die Allgemeinbildung zu verdrängen. Wenn um 1890 eine dritte Generation die geistige Führung Europas übernimmt, tritt ein Gelehrtentypus auf, der in der Geschichte nicht seinesgleichen hat. Es sind Leute, die von allem, was man wissen muß, um ein verständiger Mensch zu sein, nur eine bestimmte Wissenschaft und auch von dieser nur den kleinen Teil gut kennen, in dem sie selbst gearbeitet haben. Sie proklamieren ihre Unberührtheit von allem, was außerhalb dieses schmalen, von ihnen speziell bestellten Feldes liegt, als Tugend und nennen das Interesse für die Gesamtheit des Wissens *Dilettantismus*.

Es gelingt ihnen tatsächlich, in ihrem engen Gesichtsfeld neue Tatsachen zu entdecken und so ihre Wissenschaft, die sie kaum kennen, und damit dem Universum des Geistes, das sie gewissenhaft ignorieren, zu dienen. Wie war und ist so etwas möglich? Heben wir mit allem Nachdruck folgende unglaubliche, aber unleugbare Tatsache hervor: Die Experimentalwissenschaften haben sich zum guten Teil dank der Arbeit erstaunlich mittelmäßiger, ja weniger als mittelmäßiger Köpfe entwickelt. Das bedeutet, daß die moderne Wissenschaft, Wurzel und Sinnbild der gegenwärtigen Kultur, dem geistig Minderbemittelten Zutritt gewährt und ihm erfolgreich zu arbeiten gestattet. Der Grund hierfür liegt in der Erscheinung, die zugleich den größten Vorteil und die schwerste Gefahr der neuen Wissenschaft und der ganzen von ihr gelenkten und verkörperten Zivilisation bedeutet: in der Mechanisierung. Ein gut Teil dessen, was in der Physik oder Biologie zu tun ist, besteht aus mechanischen Anwendungen oder Verallgemeinerungen, die eigentlich jeder beliebige machen kann. Eine ganze Anzahl von Untersuchungen sind sehr wohl durchführbar, wenn die Wissenschaft in kleine Parzellen eingeteilt wird und der Forscher sich in einer davon ansiedelt und um alle anderen nicht kümmert. Die Festigkeit und Exaktheit der Methoden gestattet diese vorübergehende praktische Zerstückelung des Stoffes. Man arbeitet mit diesen Methoden wie mit einer Maschine und braucht, um zu einer Fülle von Ergebnissen zu gelangen, nicht einmal deutliche Vorstellungen von ihrem Sinn und ihren Grundlagen zu haben. So fördert der Durchschnittsgelehrte den Fortschritt der Wissenschaft, eingesperrt in seiner Laboratoriumszelle wie eine Biene in der Wabe ihres Stocks oder wie der Gaul im Laufkreis des Göpels.

Aber dies erzeugt ein Geschlecht höchst wunderlicher Menschen. Der Forscher, der eine neue Naturtatsache entdeckt hat, muß ein Gefühl der Überlegenheit und Sicherheit bekommen. Nicht ohne einen Schein des Rechts wird er sich für einen »Wissenden« halten. Und in der Tat besitzt er ein Stück Erkenntnis, das zusammen mit anderen, die er nicht besitzt, das wahrhafte Wissen aufbaut. Das ist die innere Lage des Fachgelehrten, der im Anfang unseres Jahrhunderts zu übertriebenster Entwicklung gelangte. Der Spezialist ist in seinem winzigen Weltwinkel vortrefflich zu Hause; aber er hat keine Ahnung von dem Rest.

Hier haben wir ein ausgeprägtes Exemplar des sonderbaren neuen Menschen vor uns, den ich von seinen verschiedenen Seiten und Ansichten her zu schildern suche. Ich sagte, dies menschliche Gebilde sei ohne Vorläufer in der Geschichte. Der Fachgelehrte dient uns als brauchbares Beispiel für die Spezies; er führt uns ihre ganze radikale Neuheit vor Augen. Denn früher konnte man die Menschen einfach in Wissende und Unwissende, in mehr oder weniger Wissende und mehr oder weniger Unwissende einteilen. Aber der Spezialist läßt sich in keiner der beiden Kategorien unterbringen. Er ist nicht gebildet, denn er kümmert sich um nichts, was nicht in sein Fach schlägt; aber er ist auch nicht ungebildet, denn er ist ein Mann der Wissenschaft und weiß in seinem Weltausschnitt glänzend Bescheid. Wir werden ihn einen gelehrten Ignoranten nennen müssen, und das ist eine überaus ernste Angelegenheit; denn es besagt, daß er sich in allen Fragen, von denen er nichts versteht, mit der ganzen Anmaßung eines Mannes aufführen wird, der in seinem Spezialgebiet eine Autorität ist.

Tatsächlich ist hiermit das Gebaren des Fachgelehrten gekennzeichnet. In den anderen Wissenschaften, in Politik, Kunst, sozialen Angelegenheiten, hat er die Ansichten eines Wilden, eines hoffnungslosen Stümpers, aber er verteidigt sie mit Nachdruck und Selbstvertrauen, ohne Rücksicht – und das ist das Widersinnige – auf die dort zuständigen Fachleute. Als die Zivilisation ihn zum Fachmann machte, hat er sich unerreichbar und wohlzufrieden hinter seine engen Grenzen verschanzt; und eben dies innere Gefühl von Selbstgenügsamkeit und Tüchtigkeit treibt ihn dazu, auch außerhalb seines Spezialgebietes das große Wort führen zu wollen. So kommt es, daß sich selbst diese Männer, die einen Höchstfall von Qualifikation, von spezieller Begabung und sonach den Gegenpol zum Massenmenschen darstellen sollten, in fast allen Lebensbereichen wie undifferenziertes und durchschnittliches Volk betragen.

Diese Bemerkung ist wörtlich gemeint. Jedermann kann beobachten, wie töricht heute in Politik, Kunst, Religion und den allgemeinen Lebens- und Weltproblemen die Gelehrten und in ihrem Gefolge Ärzte, Ingenieure, Finanziers usw. denken, urteilen und handeln. Die Taubheit, die Unbotmäßigkeit, die ich immer wieder als Merkmale des Massenmenschen bezeichnet habe, erreichen gerade in diesem teilweise qualifizierten Menschen ihren Gipfel. Sie sind das Symbol und in nicht unbeträchtlichem Ausmaß die Träger der gegenwärtigen Herrschaft der Massen, und ihre Barbarei ist der unmittelbarste Grund zur Demoralisierung Europas.

Andererseits sind sie das klarste und deutlichste Beispiel dafür, wie die Zivilisation des vorigen Jahrhunderts, *sich selbst überlassen,* diesen Schößling der Primitivität und Barbarei treiben mußte.

Die direkte Folge des einseitigen Spezialistentums ist es, daß heute, obwohl es mehr »Gelehrte« gibt als je, die Anzahl der »Gebildeten« viel kleiner ist als zum Beispiel um 1750. Und das Schlimmste ist, daß mit diesen Triebpferden des wissenschaftlichen Göpels nicht einmal der innere Fortgang der Wissenschaft gesichert ist. Denn sie hat von Zeit zu Zeit als organische Regulierung ihres eigenen Wachstums eine Neufundierung nötig, und das verlangt, wie ich dargelegt habe, einen Willen zur Synthese, die immer schwieriger wird, da sie sich auf immer ausgedehntere Gebiete des Gesamtwissens erstreckt. Newton konnte seine physikalische Theorie schaffen, ohne viel von Philosophie zu verstehen, aber Einstein mußte Kant und Mach kennen, um zu seinen Einsichten zu gelangen. Kant und Mach – die beiden Namen sind nur Symbole für die gewaltige philosophische und psychologische Gedankenmasse, die Einstein beeinflußt hat –, Kant und Mach waren nötig, um Einstein von gewissen geistigen Vorurteilen zu befreien, sie öffneten ihm den Weg zu seiner Entdeckung. Aber mit Einstein ist es nicht getan. Die Physik tritt in die schwerste Krisis ihrer Geschichte ein, und nur eine neue »Enzyklopädie«, systematischer als die erste, wird sie retten können.

Das Spezialistentum, auf dem ein Jahrhundert lang der Fortschritt der Experimentalwissenschaften beruhte, nähert sich einem Zustand, in dem es aus eigener Kraft nicht weiterkommen kann, wenn eine neue bessere Generation es nicht übernimmt, ihm einen neuen stärkeren Göpel zu bauen.

Auch wenn der Fachgelehrte nichts vom inneren Kräftehaushalt der Wissenschaften weiß, die er betreibt, so ist er noch viel weniger über die historischen Bedingungen ihrer Fortdauer, das heißt darüber orientiert, welches die Verfassung der Gemeinschaft und des Menschenherzens sein muß, damit es weiterhin Forscher geben kann. Das Nachlassen der wissenschaftlichen Neigungen, das sich neuerdings zeigt – ich wies bereits darauf hin –, ist ein beunruhigendes Zeichen für jeden, der eine klare Vorstellung von der Zivilisation hat, eine Vorstellung, die dem typischen »Gelehrten«, dem Gipfel unserer Zivilisation, abzugehen pflegt. Auch er glaubt, daß die Zivilisation schlechthin *da ist* wie die Erdrinde und der Urwald.

XIII
Die größte Gefahr – der Staat

IN EINER GUTEN Ordnung der öffentlichen Angelegenheiten ist die Masse der Teil des Gemeinwesens, der nicht aus sich handelt. Das ist ihre Bestimmung. Sie kam zur Welt, um geführt, beeinflußt, vertreten, gegliedert zu werden – selbst um nicht länger Masse zu bleiben oder wenigstens danach zu streben. Aber es ist ihr nicht gegeben, dies alles aus eigener Kraft zu tun. Sie muß ihr Leben auf die höheren Instanzen beziehen, die von den Eliten gebildet werden. Man streite sich, so viel man will, wer diese Eliten sind; aber daß ohne sie – seien sie nun diese oder jene – die Menschheit wesentlich anders aussähe, ist eine Tatsache, über die kein Zweifel herrschen sollte, wenn Europa auch ein ganzes Jahrhundert nach Straußenart den Kopf unter die Flügel gesteckt und probiert hat, an einer so einleuchtenden Wahrheit vorbeizusehen. Denn es handelt sich nicht um eine auf mehr oder weniger häufige und wahrscheinliche Vorkommnisse gegründete Meinung, sondern um ein Gesetz der »gesellschaftlichen Physik«, das unerschütterlicher gilt als die Newtonschen Fallgesetze. An dem Tag, an dem in Europa wieder eine wahrhafte Philosophie[1] zur Herrschaft kommt – das einzige, wodurch es gerettet werden kann –, wird man wieder einsehen, daß der Mensch, ob er will oder nicht, durch seine Anlage gezwungen ist, eine Autorität über sich zu suchen. Wenn es ihm selbst gelingt, sie zu finden, ist er ein Auserwählter; wenn nicht, gehört er zum Durchschnitt und muß sie von jenem empfangen.

Erhebt die Masse Anspruch auf selbständiges Handeln, so steht sie gegen ihr eigenes Schicksal auf; da es eben dies ist, was sie jetzt tut, spreche ich von dem Aufstand der Massen. Denn das einzige, was mit Fug und Recht Rebellion genannt werden kann, ist die Auflehnung des Menschen gegen seine Bestimmung, sein Abfall von sich selbst. Die Empörung des Erzengels Luzifer wäre strenggenommen nicht weniger Empörung gewesen, wenn er, anstatt Gottes Thron, der ihm nicht bestimmt war, den Platz des geringsten Engels begehrt hätte, der seinem Wesen auch nicht entsprach. (Wäre Luzifer Russe gewesen, er hätte vielleicht die letzte Form der Auflehnung vorgezogen, die genau so sehr gegen Gott ist wie die berühmte andere.)

Wenn die Masse selbständig handelt, tut sie es nur auf eine Art: sie lyncht. Es ist nicht ganz zufällig, daß das Lynchrecht amerikanisch ist, denn Amerika ist in gewisser Weise das Paradies der Massen; noch ist es verwunderlich, wenn heute, da die Massen triumphieren, die Gewalt triumphiert und zur unica ratio, zur einzigen Logik, gemacht wird. Es ist lange her, daß ich auf die wachsende Legitimierung der Gewalt hinwies. Heute ist diese Entwicklung auf ihrem Höhepunkt, und das ist ein gutes Zeichen, denn es bedeutet, daß sich automatisch ihr Rückgang anbahnt. Das Wort Gewalt ist schon in die Rhetorik des Jahr-

---

1 Damit die Philosophie herrsche, ist es nicht nötig, daß die Philosophen herrschen, wie Plato zuerst forderte, noch auch, daß die Herrscher philosophieren, wie er später bescheidener erstrebte. Beides ist im Grunde unheilvoll. Damit die Philosophie herrsche, genügt es, daß sie existiert, das heißt, daß die Philosophen Philosophen sind. Seit fast einem Jahrhundert sind die Philosophen alles, nur nicht dies; sie sind Politiker, Pädagogen, Literaten oder Wissenschaftler.

hunderts eingegangen; die Redner, die Windigen, haben es zu dem ihrigen gemacht. Wenn eine menschliche Wirklichkeit ihre Geschichte erfüllt hat, gescheitert und ertrunken ist, spülen die Wellen sie an die Küste der Rhetorik, wo sie als Leichnam noch lange weiterexistiert. Die Rhetorik ist der Friedhof der menschlichen Wirklichkeiten, bestenfalls ihr Altersasyl. Länger als die Wirklichkeit lebt ihr Name, der, wenn auch nur Wort, am Ende eben doch Wort ist und immer etwas von seiner magischen Kraft bewahrt.

Aber wenn das Prestige der Gewalt als eines zynisch aufgerichteten Rechtes auch im Sinken sein sollte, dauert doch ihre Herrschaft über uns, nur in veränderter Form, fort.

Ich denke an die größte Gefahr, die heute die europäische Kultur bedroht; wie alle anderen Gefahren, die sie bedrohen, ist auch diese aus ihr selbst entsprungen; mehr noch; sie bildet eine ihrer Ruhmestaten. Es ist der zeitgenössische Staat. Wir begegnen hier einer Wiederholung dessen, was uns im vorigen Kapitel am Fall der Wissenschaft entgegentrat: Die Fruchtbarkeit ihrer Prinzipien, sahen wir, bewirkt einen beispiellosen Fortschritt; aber dieser heischt unerbittlich die Spezialisierung, an der sie zu ersticken droht.

Dasselbe geschieht mit dem Staat.

Man vergegenwärtige sich, was der Staat zu Ende des 18. Jahrhunderts bei allen europäischen Nationen war. Sehr wenig. Die Anfänge des Kapitalismus und seine industriellen Organisationen, in denen sich zum erstenmal die Technik, die neue, die rationalisierte Technik, siegreich durchsetzte, hatten ein erstes Anwachsen der Gesellschaft zuwege gebracht. Ein neuer sozialer, an Zahl und Macht den früheren überlegener Stand tauchte auf: das Bürgertum. Dies schlimme Bürgertum besaß vor allem eines: praktische Begabung. Es verstand sich auf Organisation, Disziplin, stetige, eingeteilte Arbeit. Auf ihm schwamm wie auf einem Meer, gefahrbedroht, das Staatsschiff. Das »Staatsschiff« ist eine Metapher, die das Bürgertum wiederentdeckt hat; es fühlt sich selbst wie ein Meer, allgewaltig und mit Stürmen schwanger. Dieses Staatsschiff war eher eine Nußschale; es hatte fast keine Soldaten, fast keine Beamten, fast kein Geld. Es war im Mittelalter von einem den Bürgern sehr unähnlichen Menschenschlag gezimmert; den Adligen, Männern, die durch ihr Verantwortungsbewußtsein, ihre Kühnheit und Herrschergewalt bewundernswert waren. Ohne sie gäbe es die europäischen Nationen nicht. Aber bei all diesen Herzenstugenden fehlte es dem Adel, hat es ihm immer an Kopf gefehlt. Er lebt aus der anderen Seelenhälfte. Beschränkt von Verstand, gefühlsstark, triebhaft, intuitiv: kurz irrational. Darum konnte er keine Technik ausbilden, denn dazu sind rationale Methoden erforderlich. Er hat das Pulver nicht erfunden. Es langweilte ihn. Unfähig, neue Waffen zu konstruieren, ließ er es geschehen, daß die Bürger – die es vom Orient oder anderswoher übernahmen – das Pulver gebrauchten und damit selbstverständlich den adligen Krieger, den Ritter, in der Schlacht besiegten, der törichterweise mit Eisen bedeckt war, so daß er sich im Kampf kaum rühren konnte; ihm war noch nicht aufgegangen, daß das ewige Geheimnis des Krieges nicht so sehr in den Verteidigungs- wie in den Angriffswaffen liegt. (Ein Geheimnis, das Napoleon wiederentdecken sollte.)[1]

---

1 Dies einfache Bild der großen historischen Umwälzung, durch die das Bürgertum den Adel aus der Vormachtstellung verdrängte, stammt von Ranke. Aber es ist klar, daß seine symbolische und schematische Wahrheit nicht weniger Zusätze bedarf, um die Wirklichkeit ganz wiederzugeben. Das Pulver war seit unvordenklichen Zeiten bekannt. Die Erfindung des Laderohrs wurde von irgend jemandem in der Lombardei gemacht und war auch noch nicht wirksam, bevor nicht die erste Kugel gegossen wurde. Die Adeligen gebrauchten die Feuerwaffe in geringem Umfang, da sie zu teuer war. Nur die bürgerlichen Heere, die wirtschaftlich besser organisiert waren, konnten sie im großen gebrauchen. Buchstäblich wahr bleibt es jedoch, daß die Adligen, repräsentiert durch den mittelalterlichen Heerestyp der Burgunder, entscheidend von dem neuen, nicht berufsmäßigen, sondern bürgerlichen

Da der Staat eine Technik ist, Technik der öffentlichen Angelegenheiten und der Verwaltung, verfügt das Ancien régime am Ende des 18. Jahrhunderts über einen sehr schwachen Staat, gegen den von allen Seiten eine breite, aufgewühlte Gesellschaft anbrandet. Das Mißverhältnis zwischen der Macht des Staates und der sozialen Macht ist so groß, daß der Staat des 18. Jahrhunderts, wenn man die damalige Lage mit der unter Karl dem Großen vergleicht, wie eine Entartung wirkt. Gewiß verfügte der karolingische Staat über weit geringere Mittel als der Ludwigs XVI., aber dafür war andererseits die Gesellschaft, die ihn umgab, völlig machtlos.[1] Der enorme Niveauunterschied zwischen der Stärke der Gesellschaft und der öffentlichen Gewalt machte die Revolution – machte die Revolutionen bis 1848 möglich.

Aber mit der Revolution bemächtigte sich das Bürgertum der öffentlichen Gewalt, und seine unleugbaren Tugenden auf den Staat anwendend, schuf es in weniger als einer Generation eine mächtige Organisation, die mit den Revolutionen aufräumte. Seit 1848, das heißt seit dem Beginn der zweiten Generation bürgerlicher Regierungen, haben in Europa die eigent-

---

Heer der Schweizer geschlagen wurden. Die Hauptstärke dieses Heeres lag in der neuen Zucht und der neuen Rationalisierung der Taktik.

1 Es wäre der Mühe wert, auf diesen Punkt näher einzugehen und darauf hinzuweisen, daß die Epoche der absoluten Monarchien in Europa mit sehr schwachen Staaten gearbeitet hat. Wie erklärt sich das? Die Gesellschaft begann schon, sich zu entwickeln. Warum, wenn der Staat alles vermochte – er war absolut –, stattete er sich selbst nicht mit mehr Gewalten aus? Einer der Gründe ist der bereits erwähnte: die Unfähigkeit der Blutsaristokratie zu technischer und administrativer Rationalisierung. Aber er genügt nicht. Es kommt hinzu, daß der Absolutismus, daß *jene Aristokraten den Staat nicht stärken wollten auf Kosten der Gesellschaft.* Entgegen der gewöhnlichen Meinung respektierte der absolute Staat die Gesellschaft instinktiv viel mehr als unser demokratischer, der klüger ist, aber weniger Verständnis für historische Verantwortung hat.

lichen Revolutionen aufgehört. Und nicht weil man keine Gründe, sondern weil man keine Mittel dazu hatte. Die staatliche und die soziale Macht haben sich ausgeglichen. Nur das Gegenteil der Revolution ist in Europa noch möglich: der Staatsstreich. Und alles, was noch wie eine nachgeborene Revolution aussehen könnte, war in Wirklichkeit nur ein maskierter Staatsstreich.

In unserer Zeit ist der Staat eine gewaltige Maschine geworden und arbeitet dank der Fülle und Präzision seiner Mittel mit einem bewundernswerten Wirkungsgrad. Ein Druck auf einen Knopf genügt, damit sich seine ungeheuren Hebel in Bewegung setzen und dröhnend an jeder Stelle des sozialen Körpers eingreifen.

Der moderne Staat ist das sichtbarste und bekannteste Erzeugnis der Zivilisation. Und es ist sehr aufschlußreich, es ist eine Offenbarung, sich die Einstellung des Massenmenschen zum Staat zu betrachten. Er sieht ihn, bewundert ihn, weiß, daß er *da ist* und für die Sicherheit seines Lebens bürgt; aber er hat kein Bewußtsein davon, daß er eine Menschenschöpfung ist, von gewissen Männern gewirkt und durch gewisse Tugenden und Voraussetzungen erhalten, die der Mensch gestern besaß und morgen verlieren kann.

Andererseits sieht der Massenmensch in dem Staat eine anonyme Macht, und da er fühlt, daß er dasselbe ist – Volk –, glaubt er, der Staat sei sein Eigentum. Man stelle sich vor, daß im öffentlichen Leben eines Landes irgendeine Schwierigkeit, ein Konflikt, ein Problem auftaucht; der Massenmensch wird zu der Forderung neigen, daß der Staat sich sofort damit befasse und sie mit seinen riesenhaften und sicher wirkenden Mitteln direkt zu lösen unternehme.

Das ist die größte Gefahr, die heute die Zivilisation bedroht: die Verstaatlichung des Lebens, die Einmischung des Staates in alles, die Absorption jedes spontanen sozialen Antriebs durch den Staat; das heißt die Unterdrückung der historischen Spontaneität, die letzten Endes das Schicksal der Menschheit trägt, nährt und vorwärtstreibt. Wenn die Masse irgendein Unbehagen oder einfach ein heftiges Gelüst verspürt, bedeutet die beständige Gewißheit, alles ohne Mühe, Kampf, Zweifel noch Gefahr erreichen zu können, einfach indem man auf einen Knopf drückt und die wundertätige Maschine arbeiten läßt, eine große Versuchung für sie. Die Masse sagt sich: »Der Staat bin ich«, was ein vollendeter Irrtum ist. Der Staat ist mit der Masse einzig in dem Sinn identisch, in dem man sagen kann, daß zwei Menschen einander gleich sind, weil keiner von ihnen Hans heißt. Der heutige Staat und die Masse stimmen nur darüber überein, daß beide anonym sind. Aber da der Massenmensch tatsächlich glaubt, er sei der Staat, wird er in immer wachsendem Maße dazu neigen, ihn unter beliebigen Vorwänden in Tätigkeit zu setzen, um so jede schöpferische Minorität zu unterdrücken, die ihn stört, ihn auf irgendeinem Gebiet stört – in der Politik, der Wissenschaft, der Industrie.

Die Folgen dieser Neigung müssen verhängnisvoll werden. Die schöpferischen Kräfte der Gesellschaft werden durch die Dazwischenkunft des Staates immer wieder vergewaltigt; kein neuer Samen kann Frucht tragen. Die Gesellschaft muß *für* den Staat, der Mensch *für* die Regierungsmaschine leben. Und da der Staat letzten Endes eben nur eine Maschine ist, deren Dasein und Erhaltung von der Lebenskraft ihrer Besorger abhängt, wird er, nachdem er der Gesellschaft das Mark ausgesogen hat, selber ein klapperndes Gerippe werden und sterben – den rostigen Tod einer Maschine sterben, der viel leichenhafter ist als der eines lebendigen Organismus.

Dies war das klägliche Schicksal der antiken Kultur. Zweifellos war das Kaiserreich, das die Julier und Claudier schufen, eine vorzügliche Maschine und als Artefakt dem alten republikanischen Staat der patrizischen Familien unvergleichlich überlegen. Aber – welch sonderbares Zusammentreffen! – kaum war es zu voller Entfaltung gelangt, als der gesellschaftliche Organismus zu verfallen begann. Schon zu den Zeiten der Antonine lastet der Staat mit lebensfeindlicher Übermacht auf der Gesellschaft, die er zu versklaven beginnt, so daß sie nur noch *im Dienst des Staates* leben kann. Das ganze Leben wird bürokratisiert. Was geschieht? Diese Maßnahmen erzeugen in allen seinen Ordnungen deutliche Verfallserscheinungen. Der Reichtum nimmt ab, und die Weiber gebären wenig. Darauf zieht der Staat, um seine eigenen Bedürfnisse zu befriedigen, die Schrauben schärfer an; die Bürokratisierung zweiten Grades ist die Militarisierung der Gesellschaft. Das dringendste Bedürfnis des Staates ist sein Kriegsapparat, sein Heer. Er hat vor allem für die Sicherheit zu sorgen (für jene Sicherheit, die den Massenmenschen gebiert, man beachte es wohl). Darum ist er in erster Linie Heer. Die Severer, die afrikanischen Ursprungs sind, machen alle Welt zu Soldaten. Vergebliche Mühe. Das Elend nimmt zu, die Mütterleiber sind immer unfruchtbarer. Es fehlt selbst an Soldaten. Nach den Severern muß sich das Heer aus Fremdlingen rekrutieren.

Durchschaut man den zirkelhaften und tragischen Prozeß der Verstaatlichung? Die Gesellschaft schafft den Staat als ein Werkzeug, um besser zu leben. Darauf stellt sich der Staat über sie, und die Gesellschaft muß beginnen, für den Staat zu leben.[1] Doch setzt sich der Staat immerhin noch aus den Mitgliedern dieser Gesellschaft zusammen. Bald jedoch genügen sie nicht mehr, um ihn zu erhalten, und man muß Fremde heranziehen, Dalmater zuerst, später Germanen. Die Fremden werfen sich zu Herren des Staates auf, und die Reste der Gesellschaft, des ursprünglichen Volkes, leben als ihre Sklaven, als Sklaven von Leuten, mit denen sie nichts zu tun haben. Dazu führt es, wenn der Staat sich in alles mischt: Das Volk wird

---

1 Man erinnere sich der letzten Worte des Septimius Severus an seine Kinder: *Seid einig, bezahlt die Soldaten, und verachtet das übrige.*

zum Fleisch und Blut, wovon sich das bloße Kunstprodukt, die Maschine, nährt, die der Staat ist. Das Skelett frißt das Fleisch um sich her. Das Gerüst wird Eigentümer und Bewohner des Hauses.

Wenn man dies weiß, ist es etwas beunruhigend zu hören, daß Mussolini mit vorbildlichem Selbstvertrauen als eine herrliche, soeben in Italien entdeckte Wahrheit den Satz verkündet: *Alles für den Staat; nichts außer dem Staat; nichts gegen den Staat.* Eine solche Äußerung genügt, um den Faschismus als typische Massenbewegung zu entlarven. Mussolini fand einen ausgezeichnet organisierten Staat vor – organisiert nicht von ihm, sondern gerade von den Kräften und Ideen, die er bekämpft, von der liberalen Demokratie. Er beschränkt sich darauf, ihn rücksichtslos auszunützen. Und ohne daß ich mir jetzt erlauben möchte, sein Werk im einzelnen zu beurteilen, lassen sich doch unstreitig die bis jetzt erreichten Erfolge nicht mit dem vergleichen, was der liberale Staat in Politik und Verwaltung geleistet hat. Wenn Mussolini etwas erreicht hat, ist es so geringfügig, so wenig sichtbar und unwesentlich, daß es schwerlich die Häufung außerordentlicher Gewalten aufwiegt, die ihm gestatteten, einen so extremen Gebrauch von der Staatsmaschine zu machen.

Der staatliche Interventionismus ist die höchste Form, welche Gewalttat und die Taktik der starken Hand, wenn sie als Norm erklärt sind, annehmen können. Durch Vermittlung und mit Hilfe des Staates, der anonymen Maschine, handeln die Massen selbständig.

Die europäischen Nationen gehen einer Epoche großer innerer Schwierigkeiten mit überaus heiklen Problemen wirtschaftlicher, rechtlicher und politischer Art entgegen. Wie sollte man nicht fürchten, daß der Staat unter der Herrschaft der Massen alle unabhängigen Individuen und Gruppen erdrücken und so die Zukunft zu einer Wüste machen wird!

Ein konkretes Beispiel für diesen Mechanismus liefert uns

eine der beunruhigendsten Erscheinungen der letzten dreißig Jahre: die enorme Vermehrung der Polizei in allen Ländern. Die wachsende Ausdehnung der Gemeinwesen hat unentrinnbar dazu geführt. Sosehr wir daran gewöhnt sind, wir sollten doch nicht das Gefühl für den beklemmenden Widersinn der Tatsache verlieren, daß die Einwohner einer heutigen Großstadt, um friedlich auf der Straße gehen und ihre Geschäfte besorgen zu können, einen Polizisten brauchen, der den Verkehr regelt. Der »ordnungsliebende Bürger« glaubt in seiner Harmlosigkeit, daß diese »Organe der öffentlichen Ordnung«, die für die Ordnung ins Leben gerufen sind, sich damit begnügen werden, immer die Ordnung herzustellen, die ihm zusagt. Aber es wird unvermeidlich dahin kommen, daß sie selbst die Ordnung bestimmen, die sie herstellen – und das wird zuverlässig die sein, die ihnen paßt.

Da wir gerade diesen Gegenstand berühren, wollen wir nicht versäumen, darauf hinzuweisen, wie verschieden verschiedene Gesellschaften über eine öffentliche Notwendigkeit empfinden können. Als um 1800 die neue Industrie einen Menschentypus schuf, den Industriearbeiter, der gemeingefährlicher war als die bisher bekannten, beeilte sich Frankreich, eine starke Polizei aufzustellen. Um 1810 steigt in England die Kriminalität aus denselben Gründen, und bei dieser Gelegenheit machen die Engländer die Entdeckung, daß sie keine Polizei haben. Die Konservativen sitzen in der Regierung. Was tun sie? Schaffen sie eine Polizei? Nichts dergleichen. In England zieht man es vor, das Verbrechen, solange man irgend kann, zu dulden. »Das Volk ergibt sich darein, der Unordnung ihren Platz einzuräumen; es betrachtet sie als das Lösegeld, womit es sich seine Freiheit erkauft.« – »In Paris«, schreibt John William Ward, »haben sie eine vortreffliche Polizei; aber sie bezahlen ihre Vorteile teuer. Ich will lieber, daß alle drei bis vier Jahre ein halb Dutzend Menschen in Ratcliffe Road erwürgt werden, als daß ich den Haussuchungen, der Spionage und all den anderen

Machenschaften Fouchés[1] ausgesetzt bin.« Das sind zwei verschiedene Staatsauffassungen. Der Engländer setzt dem Staat Grenzen.

---

1 Vgl. Elie Halévy: *Histoire du peuple anglais au 19. siècle* (Bd. 1, S. 40, 1912).

XIV
Wer herrscht in der Welt?

DIE EUROPÄISCHE ZIVILISATION – ich wiederhole es immer wieder – hat zwangsläufig zum Aufstand der Massen geführt. Der Aufstand der Massen hat eine außerordentlich erfreuliche Seite; er ist identisch mit der beispiellosen Steigerung, die das Leben in unseren Tagen erfahren hat. Aber seine Kehrseite ist beängstigend; sie zeigt, daß dieselbe Erscheinung identisch ist mit der sittlichen Entartung der Menschheit. Diese Demoralisierung wollen wir jetzt unter neuen Gesichtspunkten betrachten.

1

Das Wesen oder die Gestalt einer neuen historischen Epoche ist das Ergebnis innerer Wandlungen – Wandlungen des Menschen und seines Geistes – und äußerer Veränderungen formaler und gleichsam mechanischer Art. Die wichtigste unter den letzten ist zweifellos die Verlagerung der Macht, die aber eine Umlagerung des Geistes nach sich zieht. Wenn wir daher eine Epoche verstehen wollen, muß eine unserer ersten Fragen sein: Wer herrschte in jener Welt? Vielleicht war sie in verschiedene, untereinander verbindungslose Teile zerspalten, die unabhängige Binnenwelten bildeten, wie etwa zur Zeit des Miltiades die

Mittelmeerländer nichts vom Dasein des Fernen Ostens wußten. In solchen Fällen hätten wir unsere Frage: Wer herrscht in der Welt? für jede Gemeinschaftsgruppe neu zu stellen. Aber seit dem 16. Jahrhundert ist die Menschheit von einem gewaltigen Prozeß der Vereinheitlichung ergriffen worden, der in unseren Tagen sein nicht mehr zu überbietendes Ziel erreicht hat. Es gibt keine abgesprengten Stücke der Menschheit, es gibt keine Menscheninseln mehr. Seit jener Zeit übt, »wer in der Welt herrscht«, tatsächlich bestimmenden Einfluß auf den ganzen Planeten aus. Drei Jahrhunderte fiel diese Rolle der in sich homogenen Gruppe der europäischen Völker zu. Europa gebot, und unter der Einheit seiner Herrschaft lebte die Welt nach einem einheitlichen oder wenigstens fortschreitend vereinheitlichten Stil.

Man nennt diesen Lebensstil gewöhnlich das »moderne Zeitalter«, ein farbloser, nichtssagender Name; die Wirklichkeit, die sich hinter ihm verbirgt, ist die »Epoche der Hegemonie Europas«.

Unter Herrschaft ist hier nicht in erster Linie die Ausübung materieller Macht, physischen Zwanges, verstanden. Denn hier sucht man Dummheiten, wenigstens die gröbsten und handgreiflichsten, zu vermeiden. Und die normale, dauernde Beziehung zwischen Menschen, die wir »Herrschaft« nennen, *beruht niemals auf der Gewalt*; sondern umgekehrt, weil ein Mensch oder eine Menschengruppe herrscht, steht ihnen jener soziale Apparat zur Verfügung, der Gewalt heißt. Die Fälle, in denen auf den ersten Blick die Gewalt das Fundament der Herrschaft zu sein scheint, enthüllen sich bei genauer Prüfung als die besten Beispiele zur Erhärtung unserer Behauptung. Napoleon machte einen Einfall in Spanien, den er einige Zeit aufrechterhielt; aber er herrschte nicht eigentlich in Spanien, nicht einen einzigen Tag. Und das, obgleich er die Gewalt und eben weil er nur die Gewalt besaß. Man muß zwischen Besetzung und Herrschaft unterscheiden. Herrschaft ist die normale Ausübung der

Macht. Sie gründet sich immer auf die öffentliche Meinung – immer, heute wie vor zehntausend Jahren, bei den Engländern wie bei den Botokuden. Noch kein Herrscher in der Welt hat seine Herrschaft im wesentlichen auf etwas anderes als die öffentliche Meinung gestützt.

Oder glaubt man, die Souveränität der öffentlichen Meinung sei eine Erfindung, die der Advokat Danton im Jahre 1789 oder der heilige Thomas von Aquin im 13. Jahrhundert machte? Man mag hier oder dort, zu dieser oder jener Zeit zuerst von ihr Kenntnis genommen haben; aber die Tatsache, daß die öffentliche Meinung die Grundgewalt ist, durch die in den menschlichen Gesellschaften die Erscheinung des Herrschens entsteht, ist so alt und wird so lange dauern wie der Mensch selbst. Nicht anders ist in der Newtonschen Physik die Schwerkraft die Ursache der Bewegung. Das Gesetz der öffentlichen Meinung ist das allgemeine Gravitationsgesetz der politischen Geschichte. Es macht die Geschichtswissenschaft allererst möglich. Aufgabe der Geschichte ist es darum, wie Hume scharfsinnig bemerkte, zu zeigen, daß die öffentliche Meinung keine verstiegene Forderung, sondern eine immer und in jedem Augenblick wirkende Realität in den menschlichen Gesellschaften ist. Denn selbst wer mit Janitscharen zu regieren gedenkt, ist davon abhängig, welche Meinung sie über ihn und seine übrigen Untertanen über sie haben.

Die Wahrheit ist, daß man mit Janitscharen nicht herrschen kann. So Talleyrand zu Napoleon: »Die Bajonette, Sire, taugen zu allem, nur nicht zu einem: sich darauf zu setzen.« Herrschen ist nicht die Gebärde, welche die Macht an sich reißt, sondern ihre ruhige Ausübung. Kurz, herrschen heißt sitzen – auf dem Thron, der sella curulis, dem Ministersitz, dem Heiligen Stuhl. Entgegen einem harmlosen Zeitungsschreiber-Standpunkt ist herrschen weniger eine Angelegenheit der Faust als des Sitzfleisches. Der Staat ist der Status, die Statik, die Gleichgewichtslage der Meinungen.

Es kann zuweilen geschehen, daß keine öffentliche Meinung da ist. Eine in widerstreitende Gruppen geteilte Gesellschaft, deren Meinungen sich gegenseitig aufheben, gibt keine Gelegenheit zur Bildung einer Herrschaft. Und da die Natur kein Vakuum erträgt, wird die Leerstelle, die durch den Ausfall der öffentlichen Meinung entsteht, von der rohen Gewalt eingenommen. Im äußersten Fall also tritt diese als Ersatz für jene ein. Will man daher das Gesetz der öffentlichen Meinung als Gravitationsgesetz der Geschichte in voller Allgemeinheit aussprechen, so kommt man unter Berücksichtigung des letzten Falls zu einer Formulierung, die mit dem altbekannten, ehrwürdigen und treffenden Gemeinplatz übereinstimmt: man kann nicht gegen die öffentliche Meinung herrschen.

Das führt uns zu der Einsicht, daß Herrschen Vorherrschaft einer Meinung, also einer Geisteshaltung, bedeutet, daß Herrschaft letzten Endes nichts anderes ist als geistige Macht. Die historischen Tatsachen bestätigen das. Jede primitive Herrschaft hat sakralen Charakter, denn sie gründet sich auf religiöse Vorstellungen, und religiöse Vorstellungen sind immer die erste Form, unter der das erscheint, was später Geist, Idee, Gedanke, kurz das Immaterielle und Metaphysische sein wird. Im Mittelalter wiederholt sich in größtem Maßstab dieselbe Erscheinung. Der erste Staat, die erste öffentliche Macht, die sich in Europa bildet, ist die Kirche mit ihrer besonderen, schon im Namen enthaltenen Würde der »geistlichen Macht«. Von der Kirche lernt die Staatsgewalt, daß auch sie ursprünglich geistige Macht ist, Herrschaft gewisser Ideen; und es entsteht das *Heilige* Römische Reich Deutscher Nation. So kämpfen zwei Mächte miteinander, die, da sie sich nicht der Substanz nach – beide sind Geist – gegeneinander abgrenzen können, übereinkommen, sich jede in einer anderen Modifikation der Zeit anzusiedeln: im Zeitlichen und im Ewigen. Weltliche und religiöse Macht sind gleicherweise geistig; aber die eine ist Geist der Zeit – die innerweltliche und wechselnde öffentliche Meinung –, die andere Geist der Ewigkeit – Gottes Meinung, die Meinung, die Gott über den Menschen und seine Bestimmung hat.

Die Aussage: zu dieser Zeit herrscht dieser Mensch, dies Volk, diese Gruppe zusammengehöriger Völker, ist also gleichwertig mit der anderen: zu dieser Zeit gilt in der Welt dieses System von Meinungen – Ideen, Wertungen, Wünschen, Vorsätzen.

Was bedeutet es, daß eine Meinung herrscht? Die meisten Menschen haben keine Meinung; sie muß durch Druck von außen in sie hineingepreßt werden wie das Schmieröl in die Maschine. Darum muß der Geist, welcher Art er immer sei, Macht haben und sie ausüben, damit die Meinungslosen – und sie sind in der Überzahl – zu einer Meinung kommen. Ohne Meinungen wäre die menschliche Gesellschaft ein Chaos, ja noch weniger: das historische Nichts. Ohne Meinungen wäre das menschliche Leben gestalt- und strukturlos. Ohne eine geistige Macht, ohne *jemanden, der gebietet,* und in demselben Maße wie beides fehlt, herrscht in der Menschheit das Chaos. Und dementsprechend ist *jede Verschiebung der Macht,* jeder Wechsel in der Herrschaft zugleich ein Wechsel der Meinungen und folglich nichts Geringeres als eine Änderung der historischen Gravitationskraft.

Kehren wir jetzt zum Anfang zurück. Europa, eine Gruppe geistesverwandter Völker, hat einige Jahrhunderte die Welt beherrscht. Im Mittelalter, wie in allen Mittelaltern der Geschichte, herrschte niemand in der zeitlichen Welt. Sie bedeuten darum vergleichsweise immer Chaos und Barbarei, ein Meinungsdefizit. Es sind Zeiten, in denen man liebt, haßt, begehrt, verabscheut, und alles in großem Maßstab. Jahrhunderte wie diese sind nicht ohne Zauber. Aber in den großen geschichtlichen Zeitaltern ist es die Meinung, von der die Menschheit lebt, und darum herrscht in ihnen Ordnung. Jenseits des Mittelalters liegt wiederum eine Epoche, in der, wie in der Neuzeit, einer da ist, der herrscht, wenn auch nur über einen begrenzten Teil der Welt. Es ist Rom, die große Herrin. Rom schuf Ordnung in den Mittelmeerländern und deren Grenzgebieten.

In dieser Nachkriegszeit beginnt ein Gerede umzugehen, daß Europa nicht mehr die Welt beherrscht. Fühlt man das ganze Gewicht einer solchen Behauptung? Sie kündigt eine Verschiebung der Macht an. Eine Verschiebung wohin? Wer wird Europa in der Herrschaft nachfolgen? Aber ist man sicher, daß ein Nachfolger da ist? Und wenn niemand da wäre, was dann?

2

In Wahrheit geschieht in der Welt in jedem Augenblick und also auch in diesem unendlich viel. Sagen zu wollen, was jetzt in der Welt geschieht, ist demnach eine Anmaßung, die ihrer selbst zu spotten scheint. Aber gerade weil es unmöglich ist, die Fülle des Wirklichen unmittelbar zu erfassen, bleibt uns nichts übrig, als in freier Konstruktion eine Wirklichkeit zu schaffen und vorauszusetzen, daß die Dinge sich auf bestimmte Art verhalten. Dadurch stellen wir uns ein Schema, das heißt einen Begriff oder ein Begriffsnetz, her, durch das wir wie durch einen Raster die wirkliche Wirklichkeit betrachten; dann und nur dann gelangen wir zu einer näherungsweisen Vorstellung von ihr. So verfährt die wissenschaftliche Methode; mehr noch, so verfährt jede Verstandestätigkeit.

Jeder Begriff, der alltäglichste wie der höchste wissenschaftliche, sitzt auf der Ironie seiner selbst, auf den spitzen Zähnen eines halkyonischen Lächelns, wie der geometrisch zugeschnittene Diamant auf dem goldenen Gebiß seiner Fassung. Er sagt tiefernst: »Dies ist A, und das ist B.« Aber sein Ernst ist der Ernst eines pince sans rire. Es ist der wacklige Ernst, der ein Gelächter verschluckt hat und es ausspeien wird, wenn er die Zähne nicht fest zusammenbeißt. Was der Begriff eigentlich denkt, ist ein wenig verschieden von dem, was er sagt, und in dieser Doppelzüngigkeit liegt die Ironie. In Wirklichkeit denkt er: Ich weiß, daß mit letzter Strenge gesprochen dies nicht A und jenes nicht B ist; aber indem ich einmal setze, sie seien A und B, verständige ich mich mit mir selbst bezüglich der Folgen meines Verhaltens zu den beiden Gegenständen.

Eine solche Theorie der Vernunfterkenntnis hätte einen Griechen verstimmt. Denn der Grieche glaubte, in der Vernunft, im Begriff, die Realität selbst entdeckt zu haben. Wir dagegen glauben, daß die Vernunft, der Begriff, ein Werkzeug zum Hausgebrauch des Menschen ist, das er benötigt und benützt, um seine eigene Lage inmitten der unendlichen und höchst verschränkten Wirklichkeit seines Lebens zu klären. Leben ist Kampf mit den Dingen, gegen die wir uns behaupten müssen. Die Begriffe sind der Kriegsplan, den wir schmieden, um ihren Angriff zu parieren. Prüft man daher den innersten Kern irgendeines Begriffes genau, so findet man, daß er nichts über den Gegenstand selber sagt, sondern die Zusammenfassung dessen ist, was ein Mensch mit ihm tun oder durch ihn leiden kann. Diese Ansicht, wonach der Inhalt eines jeden Begriffes immer lebenverbunden, immer mögliches Tun oder mögliches Leiden eines Menschen ist, hat bis heute, soviel ich weiß, noch niemand vertreten; aber sie ist meines Erachtens das unfehlbare Ziel der philosophischen Entwicklung, die mit Kant anhebt. Wenn wir uns in ihrem Licht die ganze Vergangenheit der Philosophie bis zu Kant hinauf vergegenwärtigen, will es uns scheinen, als hätten *im Grunde* alle Philosophen dasselbe gesagt. Denn jede philosophische Entdeckung ist Entdekkung, Sichtbarmachung; sie bringt an die Oberfläche, was zugrunde lag.

Aber eine solche Präambel ist den philosophischen Fragen so fernstehenden Dingen, um die es sich hier handelt, nicht angemessen. Ich wollte einfach sagen, was heute in der Welt, man verstehe in der historischen Welt, vor sich geht: Drei Jahrhunderte lang hat Europa in der Welt geherrscht, und jetzt weiß es nicht, ob es noch herrscht und ob es weiter herrschen wird. Die unabsehbare Fülle der Geschehnisse, welche die historische Wirklichkeit des Zeitalters ausmachen, auf einen so bündigen Ausdruck zu bringen, ist zweifellos und bestenfalls eine Übertreibung; und deshalb mußte ich daran erinnern, daß Denken, ob man will oder nicht, immer Übertreibung ist. Wer lieber nicht übertreibt, muß schweigen, mehr noch, er muß seinen Verstand abstellen und schauen, wie er Stumpfsinn lernt. Hiermit, glaube ich, haben wir erkannt, was heute in Wahrheit vor sich geht; alles übrige ist Folge, Bedingung, Symptom oder anekdotische Illustrierung dieser Tatsache.

Ich habe nicht gesagt, daß Europas Herrschaft zu Ende sei, sondern daß es seit einiger Zeit schwere Zweifel hegt, ob es heute herrscht und morgen noch herrschen wird. Damit geht ein entsprechender Geisteszustand in den übrigen Völkern der Erde einher: Ungewißheit, ob sie beherrscht werden. Auch sie sind sich darüber nicht klar.

Man hat in den letzten Jahren viel vom Untergang Europas gesprochen. Möchte man nur endlich aufhören, den Namen Spenglers zu nennen, sobald die Rede auf dies Thema kommt. Es war allgemeiner Gesprächsgegenstand, bevor sein Buch erschien, und das Buch dankt seinen Erfolg, wie jedermann wissen sollte, dem Umstand, daß eine Beunruhigung in dieser Richtung unter den verschiedensten Namen und Begründungen in allen Köpfen spukte.

Man hat so oft vom Niedergang Europas gesprochen, daß er vielen endlich eine ausgemachte Tatsache schien. Nicht daß sie im Ernst davon überzeugt waren; sie haben sich nur gewöhnt, ihn für gewiß zu halten, obgleich er ihnen ihrer ehrlichen Erinnerung nach niemals in einem bestimmten Zeitpunkt entscheidend eingeleuchtet hat. Das kürzlich erschienene Buch des Amerikaners Waldo Frank, »Wiederentdeckung Amerikas«, ruht völlig auf der Voraussetzung, daß Europa in den letzten Zügen liegt. Dennoch unterläßt es Frank, einen so ungeheuren Vorgang, der seinen Ausführungen als wesentliche Grundlage dient, in Frage zu stellen und zu analysieren. Ohne weitere Erwägungen geht er davon als von etwas Unanfechtbarem aus. Und diese Skrupellosigkeit des Ausgangspunktes bestärkt mich in dem Argwohn, daß Frank von der Dekadenz Europas nicht überzeugt ist; weit davon, er hat sich nicht einmal eine dahingehende Frage gestellt. Er benützt die Tatsache wie eine Tram. Gemeinplätze sind die Trams des geistigen Verkehrs. Und wie er machen es viele Leute, machen es vor allem die Völker, ganze Völker.

Die heutige Welt ist eine Landschaft von beispielloser Naivität. In der Schule, wenn einer merkt, daß der Lehrer hinausgegangen ist, gerät die Bubenschar außer Rand und Band. Alle sind selig, dem Druck, den die Gegenwart des Lehrers ausübte, entronnen, des Jochs der Regeln ledig zu sein; sie wiehern wie die Füllen und fühlen sich als Herren ihres Schicksals. Aber sind die Vorschriften aufgehoben, welche Beschäftigungen und Pflichten regelten, so hat die junge Bande eigentlich nichts mehr zu tun, keine ernsthafte Arbeit, keine sinnvolle, stetige Aufgabe auf lange Sicht, und nun kommt es heraus, daß sie, sich selbst überlassen, nichts fertigbringen als Bocksprünge.

Es ist ein klägliches Schauspiel, das die minderjährigen europäischen Nationen heute bieten. Angesichts von Europas sogenanntem Untergang und seiner Abdankung in der Weltherrschaft müssen Nationen und Natiönchen umherspringen, Faxen machen, sich auf den Kopf stellen oder sich recken und brüsten und als erwachsene Leute aufspielen, die ihr Schicksal selbst in der Hand halten. Daher die »Nationalismen«, die überall wie Pilze aus der Erde schießen.

In den vorhergehenden Kapiteln habe ich versucht, einen neuen Menschentypus aufzustellen, der heute die Welt beherrscht; ich habe ihn den Massenmenschen genannt und gezeigt, wie sein Hauptmerkmal darin besteht, daß er, selber gewöhnlich, das Recht auf Gewöhnlichkeit proklamiert und sich weigert, ihm überlegene Instanzen anzuerkennen. Wenn diese Haltung innerhalb eines jeden Volkes vorherrscht, ist es natürlich, daß sie auch in der Gesamtheit der Nationen auftritt. Es gibt auch »Massenvölker«, die entschlossen gegen die großen schöpferischen Völker aufstehen, gegen jene Elite menschlicher Stämme, welche die Geschichte gemacht haben. Lächerlich ist es, wenn diese oder jene kleine Republik sich auf die Zehenspitzen stellt, aus ihrem Weltwinkel Europa schmäht und seinen Rückzug aus der Weltgeschichte verkündet.

Was geschieht? Europa hatte Maßstäbe der Gültigkeit geschaffen, deren Kraft und Fruchtbarkeit die Jahrhunderte erwiesen haben. Diese Normen sind durchaus nicht die besten möglichen, aber sie sind zweifellos bindend, solange keine anderen da sind oder sich ankündigen. Will man sie überwinden, so ist man gehalten, neue zu gebären. Jetzt erklären die »Massenvölker« jenes System von Normen, das gleichbedeutend mit der europäischen Zivilisation ist, für abgelebt; da sie aber unfähig sind, ein anderes zu schaffen, wissen sie nichts anzufangen, und um die Zeit hinzubringen, verfallen sie auf Kapriolen. Wenn in der Welt ein Herrscher abtritt, ist die erste Folge davon, daß die Zurückbleibenden, dank ihrer Rebellion, ohne Beschäftigung, ohne Lebensprogramm dastehen.

3

Ein Zigeuner wollte beichten, aber der gewissenhafte Pfarrer fragte ihn erst, ob er die Zehn Gebote Gottes kenne. Worauf der Zigeuner antwortete: »Ich sie lernen wollen, Hochwürden, aber haben gehört munkeln, daß man will sie aufheben.«

Ist das nicht die gegenwärtige Lage der Welt? Es geht ein Gemunkel, daß die europäischen Gebote nicht mehr gelten, und so nutzt die Menschheit – Individuen und Völker – die Gelegenheit aus, um ohne Gebote zu leben. Denn es gab keine neben den europäischen. Es handelt sich nicht darum, wie es sonst geschah, daß keimende neue Satzungen die früheren verdrängten und ein frischer Eifer in seinem jugendlichen Feuer die alten erkaltenden Begeisterungen überflammte. Das wäre das Natürliche. Ja, in solchem Falle erscheint das Alte alt, nicht weil es selber greisenhaft ist, sondern weil schon ein anderes Prinzip existiert, das, nur weil es neu ist, mit einem Schlag seinen Vorgänger alt macht. Wenn wir keine Kinder hätten, wären wir nicht alt oder würden es viel später. Ähnlich geht es den Erzeugnissen der Technik. Ein Automobil von vor zehn Jahren erscheint älter als eine zwanzigjährige Lokomotive, einfach weil die Erfindungen der Automobiltechnik sich rascher gefolgt sind. Ein solcher Untergang, den der Aufgang einer neuen Jugend herbeiführt, ist ein Zeichen von Gesundheit.

Was aber heute in Europa geschieht, ist ungesund und absonderlich. Die europäischen Gebote haben ihre Geltung verloren, ohne daß andere am Horizont auftauchen. Europa, sagt man, hört auf zu herrschen, und man sieht nicht, wer an seine Stelle treten könnte. Unter Europa verstehen wir vorzüglich und eigentlich die Dreieinigkeit Frankreich, England, Deutschland. In den Gegenden des Globus, die diese drei einnehmen, ist die Menschenart gereift, welche die heutige Welt geformt hat. Wenn diese drei Völker, wie es jetzt heißt, im Niedergang sind und ihre Zielsetzungen die bindende Kraft verloren haben, ist es nicht verwunderlich, daß die Welt sittlich verwahrlost ist.

Und das ist die reine Wahrheit. Die ganze Welt – Völker und einzelne – ist demoralisiert. Eine Zeitlang unterhält, ja bezaubert solche Ungebundenheit. Untergeordnete Naturen fühlen sich von einer Last befreit. Denn die Dekaloge bewahren aus der Zeit, in der sie auf Stein oder Bronze geschrieben wurden, ihren beschwerlichen Charakter. Befehlen heißt auferlegen, und die Niedrigen in aller Welt haben es satt, sich etwas auferlegen zu lassen; sie genießen mit festlichen Mienen diese von drückenden Geboten entlastete Zeit. Aber das Fest ist nicht von Dauer. Ohne Gebote, die uns zu gewissen Lebensweisen verpflichten, verharrt unser Leben in bloßer Bereitschaft. Das ist die furchtbare innere Lage, in der sich heute unsere beste Jugend befindet. Rein weil sie sich frei, der Fesseln ledig fühlen, fühlen sie sich leer. Ein Leben zur Disposition ist schlimmere Lebensverneinung als der Tod. Denn Leben heißt etwas Aufgegebenes erfüllen; und in dem Maße, wie wir vermeiden, unser Leben an etwas zu setzen, entleeren wir es. Es wird nicht lange dauern, bis von dem ganzen Planeten wie das Heulen unzähliger Hunde ein Schrei zu den Sternen aufsteigen und nach einer Kraft verlangen wird, die gebietet, die ein Tagwerk, eine Pflicht auferlegt.

Dies sei denen gesagt, die uns mit der Verantwortungslosigkeit Unmündiger verkünden, daß Europa nicht mehr herrscht. Herrschen heißt den Leuten zu tun geben, sie in ihr Schicksal, an ihren Platz stellen; so verhütet man ihre Extravaganzen, zu denen das Vagantentum führt, das leere Leben, die Verödung.

Europas Rücktritt wäre bedeutungslos, wenn ein Fähiger da wäre, es zu ersetzen. Aber es gibt keinen. New York und Moskau sind nichts Neues gegenüber Europa. Sie sind Randgebiete der europäischen Herrschaft, die durch ihre Ablösung vom Rumpf ihren Sinn verloren haben. Von New York oder Moskau zu sprechen, ist im Grunde eine Verlegenheit. Denn man weiß nicht ganz, was sie sind; man weiß nur, daß über beide noch nichts Entscheidendes gesagt ist. Aber wenn man auch nicht ganz weiß, was sie sind, erfaßt man doch genug, um ihren allgemeinen Charakter zu verstehen. Unstreitig gehören beide ganz und gar zu jener Klasse von Erscheinungen, die ich gelegentlich als Produkte der historischen »Camouflage« bezeichnet habe. Die Camouflage ist ihrem Wesen nach eine Wirklichkeit, die nicht ist, was sie scheint. Ihr Anblick kündet nicht, er verbirgt ihr Wesen. Darum führt sie die meisten Menschen irre. Der Verwirrung, welche die Camouflage anrichtet, entgeht nur, wer schon vorher und allgemein von ihrem Vorkommen unterrichtet ist. Es ist wie bei der Luftspiegelung: das Wissen korrigiert die Augen.

Bei jeder historischen Camouflage kann man zwei Schichten unterscheiden, die sich überlagern: eine tiefe, tatsächliche, eigentliche; eine andere scheinhafte, zufällige, oberflächliche. So liegt in Moskau eine dünne Haut europäischer Ideen – der Marxismus –, die in Europa auf europäische Wirklichkeiten und Probleme hin gedacht worden sind, über einem Volk, das sich nicht nur als ethnischer Stoff, sondern, was schwerer wiegt, in bezug auf sein Alter von uns unterscheidet. Ein Volk, das noch in Gärung, das heißt jugendlich ist. Daß der Marxismus in Rußland siegte, wo es keine Industrie gibt, wäre das Widersinnigste, was ihm passieren könnte. Aber es ist ihm nicht passiert, denn er hat nicht gesiegt. Rußland ist etwa auf dieselbe Art marxistisch, wie die Deutschen des Heiligen *Römischen* Reiches römisch waren. Neue Völker haben keine *Ideen.* Wenn sie in einer Umwelt aufwachsen, in der eine alte Kultur existiert oder eben noch existierte, hüllen sie sich in die Ideen, die ihnen diese bietet. Hier haben wir die Camouflage und ihren Grund. Man vergißt, daß es, wie ich in anderem Zusammenhang dargelegt habe, zwei wesentliche Typen für die Entwicklung eines Volkes gibt. Es gibt Völker, die in einer noch kulturlosen »Umwelt« geboren werden, wie Ägypten oder China. Bei ihnen ist alles bodenständig, und ihr Gebaren hat einen klaren, geraden Sinn. Aber andere Völker entstehen und entwickeln sich in einem Raum, den schon eine Kultur von langer geschichtlicher Vergangenheit erfüllt. So Rom an den Gestaden des Mittelmeeres, die von griechisch-orientalischer Kultur geformt waren. Die Äußerungen des Römers sind darum zur Hälfte nicht seine eigenen, sondern erlernte. Die erlernte, übernommene Geste ist immer doppelsinnig; und ihr wahrer Sinn liegt nicht gerade, sondern schräg hinter ihr. Wer eine erlernte Gebärde macht – etwa eine fremdsprachige Vokabel gebraucht –, macht unter ihr seine eigene echte, übersetzt das ausländische Wort in seine eigene Mundart. Um die Camouflage zu verstehen, braucht es darum auch einen schrägen Blick, den Blick des Übersetzers, der ein Wörterbuch neben dem Text hat. Ich warte auf ein Buch, das Stalins Marxismus in russische Geschichte übersetzt. Denn was Russisches, nicht was Kommunistisches an ihm ist, macht seine Stärke. Wir werden noch erfahren, was dies ist. Fest steht nur, daß Rußland noch Jahrhunderte nötig hat, ehe es sich um die Herrschaft bewerben kann. Weil es vorläufig keine eigenen Imperative hat, mußte es tun, als hinge es der europäischen Lehre des Marxismus an. Weil es Jugend im Überfluß hat, genügte ihm diese Fiktion. Der Jüngling braucht keine Gründe, um zu leben: er braucht nur Vorwände.

Ganz ähnlich liegt der Fall New Yorks. Auch seine gegenwärtige Stärke beruht nicht auf den Imperativen, denen es gehorcht. Sie kommen letzten Endes auf einen zurück: die Technik. Welch Zufall! Wieder eine europäische, nicht eine amerikanische Erfindung. Die Technik ist von Europa im 18. und 19. Jahrhundert erfunden worden, in den Jahrhunderten – welch Zufall! –, in denen Amerika entstand. Und man sagt uns im Ernst, das Wesen Amerikas liege in seiner praktischen und technischen Lebensauffassung! Anstatt uns zu sagen. Amerika ist wie alle Kolonien eine Verjüngung alter, insbesondere europäischer Rassen. Aus anderen Gründen als Rußland sind auch die Vereinigten Staaten ein Beispiel jenes besonderen historischen Phänomens, das wir das »neue Volk« nennen wollen. Man wird glauben, dies sei eine Phrase, aber es ist eine Wirklichkeit, genauso gut wie die Jugend eines Menschen. Amerika ist stark durch seine Jugend, die sich in den Dienst des zeitgenössischen Gebotes »Technik« gestellt hat und sich genausogut in den Dienst des Buddhismus hätte stellen können, wenn dieser die Losung des Tages gewesen wäre. Aber Amerikas Geschichte beginnt erst. Seine Sorgen, seine Schwierigkeiten, seine Konflikte fangen erst an. Es muß noch vieles sein, darunter auch einiges, das von praktischer Lebenseinstellung und Technik so verschieden wie möglich ist. Amerika ist jünger als Rußland. Ich habe, allerdings befürchtend, es möchte übertrieben sein, immer behauptet, daß Amerika ein Naturvolk ist, dessen wahrer Charakter durch die neuesten Erfindungen übertüncht wurde. Jetzt erklärt Waldo Frank in seiner »Wiederentdeckung Amerikas« freimütig dasselbe. Amerika hat noch nicht gelitten; man täuscht sich, wenn man ihm schon die hohe Fähigkeit des Herrschens zubilligen möchte.

Wer nicht zu der pessimistischen Folgerung kommen will, daß niemand herrschen und also die historische Welt ins Chaos zurücksinken wird, muß sich auf den Ausgangspunkt besinnen und im Ernst fragen: Ist es so sicher, daß sich Europa im Abstieg befindet und die Herrschaft niederlegt, abdankt? Sollte nicht dieser scheinbare Niedergang die heilsame Krisis sein, die Europa gestattet, wahrhaft Europa zu werden? War nicht der offenbare Verfall der europäischen Nationen eine unvermeidliche Notwendigkeit, wenn eines Tages die Vereinigten Staaten von Europa entstehen und Europas Vielfalt durch seine echte Einheit ersetzt werden sollte?

4

Wie in ihr geherrscht und gehorcht wird, ist entscheidend für jede Gesellschaft. Wenn die Frage, wer herrscht und wer gehorcht, ungeklärt ist, läuft alles übrige trübe und mühsam. Selbst die innerlichste Innerlichkeit eines jeden Individuums, abgesehen von genialen Ausnahmen, wird gestört und verfälscht sein. Wäre der Mensch ein ungeselliges Wesen, das sich zufällig zu einer Lebensgemeinschaft mit anderen verflochten sähe, so würde er vielleicht von den Erschütterungen unberührt bleiben, die aus den Verschiebungen und Krisen des Herrschens, der Macht, entspringen. Aber da er seiner ursprünglichen Verfassung nach gesellig ist, wird er auch durch Umwälzungen, die nur die Gemeinschaft unmittelbar berühren, in seiner persönlichen Haltung unsicher. Man kann daher aus der Kenntnis eines isolierten Individuums, ohne über weitere Angaben zu verfügen, darauf schließen, wie es in seinem Land mit den Problemen des Herrschens und Gehorchens steht.

Es könnte aufschlußreich, selbst nützlich sein, aber es wäre ein unerfreuliches und niederdrückendes Geschäft, den Individualcharakter des durchschnittlichen Spaniers unter diesem Gesichtspunkt einer Prüfung zu unterziehen; darum verzichte ich darauf. Wir müßten die innere Zuchtlosigkeit und Verrohung aufdecken, die den mittelmäßigen Bewohner unseres Landes ergriffen hat, weil Spanien seit Jahrhunderten in der Frage der Führung und Gefolgschaft mit einem schlechten Gewissen lebt. Verrohung entsteht, wenn eine Unregelmäßigkeit als ein gewohnter und feststehender Zustand hingenommen wird, ohne doch den Charakter des Ungebührlichen zu verlieren. Da sich nicht in gesunde Ordnung verwandeln läßt, was seinem Wesen nach verbrecherisch und ordnungswidrig ist, wählt das Individuum den Ausweg, sich dem Unstatthaften anzupassen, dem Verbrechen, der Unregelmäßigkeit, die es mit sich schleppt, ähnlich zu werden. Alle Völker haben Zeiten gehabt, in denen ein Unwürdiger sich die Herrschaft über sie anmaßte; aber ein starker Instinkt trieb sie sogleich, ihre Kräfte zusammenzufassen und den unbefugten Anspruch zurückzuweisen. Sie sträubten sich gegen den zeitweiligen Ausnahmezustand und stellten so ihre öffentliche Moral wieder her. Aber der Spanier tat das Gegenteil; anstatt sich einer Herrschaft zu widersetzen, die seinem innersten Gefühl widersprach, hat er lieber sein ganzes übriges Sein verfälscht, um es mit der anfänglichen Lüge in Einklang zu bringen. Solange dieser Zustand in unserem Lande dauert, werden wir vergeblich irgend etwas von den Menschen unserer Rasse erhoffen. Die Kraft und Geschmeidigkeit zu dem schwierigen Geschäft, sich mit Anstand in der Geschichte zu behaupten, muß einer Gesellschaft abgehen, deren Staat, deren oberste Gewalt in sich betrügerisch ist.

Kein Wunder, wenn ein leichter Zweifel, ein bloßes Schwanken darüber, wer in der Welt herrscht, hinreichte, damit die ganze Welt – im öffentlichen und im Privatleben – sich sittlich zu lockern begann.

Das menschliche Leben muß seiner eigenen Natur nach für etwas eingesetzt werden, sei es ein ruhmreiches oder ein bescheidenes Werk, ein glänzendes oder gewöhnliches Schicksal. Es handelt sich um eine wunderliche, unerbittlich unserem Dasein eingeprägte Bedingung. Einerseits lebt ein jeder aus sich und für sich. Andererseits sinkt dies mein Leben, das nur mich angeht, wenn ich es nicht in den Dienst einer Sache stelle, haltlos zusammen ohne Spannung und ohne Form. Wir sehen heute viele Menschen in ihrem eigenen Labyrinth verlorengehen, weil nichts da ist, was ihre Hingabe fordert. Alle Gebote, alle Ordnungen sind in der Schwebe. Die Lage könnte vollkommen erscheinen, denn jedes Leben hat die absolute Freiheit zu tun, was es mag. Und ebenso jedes Volk. Europa hat seinen Druck auf die Welt herabgesetzt. Aber das Gegenteil von dem, was zu erwarten war, ist eingetreten. Wenn es für sich selber frei wird, verliert das Leben sich selbst, wird leer und zwecklos. Und da es sich mit etwas füllen muß, erfindet es sich Scheinbeschäftigungen, die kein echter innerer Drang ihm auferlegt, heute dies, morgen jenes, das Gegenteil des ersten. Es ist verloren, wenn es allein mit sich ist. Selbstsucht ist ein Labyrinth. Leben heißt auf ein Ziel abgeschnellt sein, auf etwas zuwandern. Das Ziel ist nicht mein Wandern, nicht mein Leben; es ist etwas, woran ich mein Leben setze, und ist deshalb außerhalb, jenseits des Lebens. Wenn ich mir vornehme, mein Leben für mich allein und selbstisch zu leben, rücke ich nicht voran, komme ich nirgends hin; ich drehe mich am gleichen Fleck im Kreise. Das ist das Labyrinth, ein Weg, der nirgends hinführt, der sich in sich selbst verliert, weil er nur ein In-sich-selber-Laufen ist.

Nach dem Krieg hat der Europäer sich in sein Inneres eingesperrt; er hat nichts mehr vor, nicht für sich und nicht für die anderen. Darum stehen wir historisch, wo wir vor zehn Jahren standen.

Man gebietet nicht schlechtweg; Herrschaft ist ein Druck, der auf die anderen ausgeübt wird; aber sie ist nicht das allein. Wäre sie so, so hieße sie Gewalt. Wir dürfen nicht vergessen, daß Gebieten zwei Gesichter hat: man gebietet jemandem, aber man gebietet ihm etwas. Und das Gebot läuft darauf hinaus, daß er an einer Unternehmung, einem großen historischen Schicksal teilhaben soll. Darum gibt es keine Herrschaft ohne ein Lebensprogramm, genau gesprochen ohne ein Herrschaftsprogramm.

Wenn die Könige bauen, haben die Kärrner zu tun.

Wir stimmen also nicht mit jener engstirnigen Ansicht überein, die hinter den Handlungen großer Völker – und Männer – nichts als selbstische Motive wittert. Es ist schwerer, als man glaubt, ein reiner Egoist zu sein, und wer es ist, hat noch niemals triumphiert. Die scheinbare Selbstsucht großer Völker und Menschen ist die unvermeidliche Härte, mit der jeder auftreten muß, der sein Leben an eine Sache gesetzt hat. Wenn in Wahrheit etwas getan werden soll und wir uns in den Dienst einer Aufgabe gestellt haben, kann man nicht von uns verlangen, daß wir bereit sind, Rücksicht auf Vorübergehende zu nehmen und kleine, zufällige Menschenfreundlichkeiten zu üben.

Spanienreisende erzählen als eines ihrer hübschesten Erlebnisse, daß häufig, wenn sie auf der Straße jemanden nach einem Platz oder Gebäude fragten, der Angeredete seinen Weg aufgab, sich bereitwillig für den Fremden opferte und ihn an sein Ziel geleitete. Ich leugne nicht, daß dieser Charakterzug des braven Keltiberen ein Körnchen Großmut birgt, und freue mich, daß der Fremde sein Betragen so deutet. Doch konnte ich, wenn ich davon hörte oder las, mich nie des Argwohns entschlagen, ob mein befragter Landsmann wohl in Wahrheit irgendwohin ging. Denn es könnte sehr wohl sein, daß er nirgendwohin ging, weder Absicht noch Aufgabe hatte und einfach ein wenig ans Leben hinauskam, um zu sehen, ob das der anderen nicht sein eigenes füllen würde, ob er nicht einen Fremden zum Begleiten fände.

Es ist bedenklich, daß die Unsicherheit über die Weltherrschaft, die so lange in den Händen von Europa lag, bei den übrigen Völkern, abgesehen von jenen, die wegen ihrer Jugend noch in der Prähistorie stehen, eine Lockerung der Sittlichkeit herbeigeführt hat. Aber viel bedenklicher ist es, daß dies Auf-der-Stelle-Gehen den Europäer selbst moralisch völlig desorientiert hat. Ich spreche nicht so, weil ich Europäer oder etwas Verwandtes bin, und nicht, weil mir das Schicksal der Welt gleichgültig ist, wenn nicht der Europäer die nächste Zukunft bestimmt. Die Abdankung Europas würde mich kaltlassen, wenn es heute eine andere Völkergruppe gäbe, die Europa in der Macht und der Führung des Planeten zu ersetzen vermöchte. Ja, nicht einmal das würde ich verlangen; ich wäre es zufrieden, daß niemand herrschte, wenn sich dabei nicht alle Tugenden und Talente des europäischen Menschen verflüchtigten.

Denn das geschieht unentrinnbar. Gewöhnt sich der Europäer daran, daß er nicht gebietet, so werden anderthalb Generationen genügen, damit der alte Kontinent und nach ihm die ganze Welt in sittliche Trägheit, geistige Unfruchtbarkeit und allgemeine Barbarei versinkt. Nur das Bewußtsein, zu führen und Verantwortung zu tragen, und die Zucht, die daraus entspringt, können die Seelen des Abendlandes in Spannung halten. Wissenschaft, Kunst, Technik und alles übrige gedeiht in der befeuernden Atmosphäre des Herrschaftsgefühls. Fehlt es, so wird der Europäer mehr und mehr herunterkommen. Die Geister werden nicht länger jenen unerschütterlichen Glauben an sich selber haben, der sie stark, kühn und zäh zum Raube großer neuer Ideen macht. Unfähig zu Taten schöpferischen Überschwangs, wird der Europäer ins Gestrige, in die Gewohnheit, das eingefahrene Geleise zurückfallen – ein hoffnungslos alltägliches, nichtssagendes, pedantisches, ausgeblasenes Geschöpf wie die Griechen des Niedergangs und der ganzen byzantinischen Geschichte.

Schöpferisches Leben verlangt eine streng hygienische Lebensweise, hohe Zucht und fortwährende Reize, die das Gefühl der Würde anfeuern. Schöpferisches Leben ist straffes Leben, und das ist nur unter zwei Bedingungen möglich: entweder man herrscht selber, oder man ist in einer Welt behaust, wo einer herrscht, dem man volles Recht zur Ausübung seines Amtes zuerkennt. Man herrscht oder man gehorcht. Gehorsam heißt nicht, daß man eine Herrschaft duldet – dulden ist Erniedrigung –, sondern daß man sie bejaht und ihr folgt, weil man sich eins mit ihr fühlt, weil man sich freudig zu ihrer Fahne stellt.

5

Wir müssen jetzt zum Ausgangspunkt dieser Betrachtungen zurückkehren, zu der so sonderbaren Tatsache, daß man in der Welt während der letzten Jahre beständig vom Niedergang Europas redete. Allein der Umstand, daß nicht Ausländer, sondern die Europäer selbst die Entdecker dieses Niedergangs waren, ist auffällig. Als außerhalb des alten Kontinents kein Mensch daran dachte, kamen ein paar Männer in Deutschland, England, Frankreich auf den bestechenden Gedanken: Sollten wir etwa in einem beginnenden Abstieg begriffen sein? Der Einfall hatte eine gute Presse, und heute spricht alle Welt von der europäischen Dekadenz wie von einer unanfechtbaren Tatsache.

Aber haltet ihre Verkünder mit einer leichten Gebärde auf und fragt sie, auf welche überzeugenden, greifbaren Erscheinungen sich ihre Diagnose gründet. Sofort werden sie verschwommen gestikulieren und die Arme rund gegen das All recken mit jener Gebärde, die für alle Schiffbrüchigen bezeichnend ist. Sie wissen in der Tat nicht, woran sich klammern. Das einzige, was sich ohne weitere Vorbereitungen darbietet, wenn man den gegenwärtigen Verfall Europas schildern möchte, sind die wirtschaftlichen Schwierigkeiten, denen sich heute jede europäische Nation gegenübersieht. Aber wenn es darum geht, die Art dieser Schwierigkeiten etwas schärfer zu fassen, bemerkt man, daß keine von ihnen die Güter erzeugenden Kräfte ernstlich angreift und der alte Kontinent viel schwerere Krisen dieser Art durchgemacht hat.

Fühlen sich die Deutschen oder Engländer nicht heute imstande, mehr und besser zu produzieren als je? Ganz gewiß; und es ist sehr wichtig, die Haltung der Engländer oder Deutschen in wirtschaftlicher Hinsicht etwas näher zu erörtern. Denn sonderbarerweise rührt ihre unbestreitbare seelische Depression eben nicht davon her, daß sie sich schlecht in Form fühlen, sondern im Gegenteil, daß sie mit dem Bewußtsein größerer Möglichkeiten an gewisse unselige Schranken stoßen, die sie hindern, das zu verwirklichen, was durchaus in ihren Kräften stünde. Diese unseligen Schranken der gegenwärtigen deutschen, französischen, englischen Wirtschaft sind die politischen Grenzen der betreffenden Staaten. Die eigentliche Schwierigkeit liegt also nicht in einem so oder anders gestellten wirtschaftlichen Problem, sondern darin, daß die Form des öffentlichen Lebens, in der sich die ökonomischen Kräfte zu bewegen haben, den Größenverhältnissen dieser Kräfte nicht entspricht. Nach meiner Meinung entspringt das Gefühl des Versagens und der Ohnmacht, das unleugbar auf unserem Leben lastet, diesem Mißverhältnis zwischen den Möglichkeiten des heutigen Europas und dem Format seiner politischen Verfassung, in deren Rahmen sie sich auswirken sollen. Der Ansprung zur Lösung der drängenden Fragen ist so kräftig wie je; aber er prallt sofort auf die engen Käfige, die ihn einschließen, die kleinen Nationen, die bis jetzt das Gefüge Europas bildeten. Der alte Kontinent ist trüb und verzagt wie ein großflügeliger Vogel, der mit seinem mächtigen Schwingenschlag gegen die Gitterstäbe seines Käfigs stößt.

Beweis dafür ist, daß sich dieselbe Konstellation auf anderen Gebieten wiederholt, die dem wirtschaftlichen sehr fern liegen. Zum Beispiel im geistigen Leben. Jeder gute Intellektuelle in Deutschland, England oder Frankreich empfindet die Grenzen seiner Nation heute als Beengung. Der deutsche Professor ist sich bewußt, wie abgeschmackt der Arbeitsstil ist, zu dem ihn sein unmittelbares Publikum deutscher Professoren zwingt, und vermißt die geistvolle Beweglichkeit des Wortes, die dem französischen écrivain oder dem englischen Essayisten zu Gebote steht. Umgekehrt beginnt der Pariser homme de lettres einzusehen, daß die Überlieferung des literarischen Mandarinentums, des verbalen Formalismus, wozu ihn seine gallische Herkunft verurteilt, erschöpft ist, und würde diese Tradition unter Wahrung ihrer schönsten Vorzüge gern um einige Tugenden des deutschen Professors bereichern.

Dasselbe geschieht in der inneren Politik. Die brennende Frage, warum das politische Leben in allen europäischen Großstaaten so darniederliegt, hat noch keine befriedigende Antwort gefunden. Man sagt, die demokratischen Institutionen hätten an Ansehen eingebüßt. Aber gerade das wäre zu erklären. Denn diese Einbuße ist von recht sonderbarer Art. In allen Ländern schilt man das Parlament; aber in keinem, das in Betracht kommt, denkt man daran, es abzuschaffen; und es deuten sich auch nicht in utopischen Umrissen andere Staatsformen an, die wenigstens theoretisch besser schienen. Es ist also noch nicht so sicher, daß das Parlament abgewirtschaftet hat. Nicht mit den Einrichtungen als Instrumenten des öffentlichen Lebens steht es schlecht in Europa, sondern mit den Aufgaben, zu denen sie gebraucht werden sollen. Was fehlt, sind Programme, deren Umfang den Größenverhältnissen des heutigen europäischen Daseins angemessen wäre.

Hier liegt eine optische Täuschung vor, die wir ein für allemal korrigieren müssen; denn es ist haarsträubend, was für Ungereimtheiten beständig über das Problem des Parlamentarismus produziert werden. Es gibt eine ganze Reihe stichhaltiger Einwände gegen die Arbeitsweise der traditionellen Parlamente. Bei genauer Prüfung jedoch führen sie alle anstatt auf die Schlußfolgerung, daß das Parlament abzuschaffen sei, im Gegenteil geraden und deutlichen Wegs auf die Notwendigkeit, es zu reformieren. Was kann man aber Besseres von einer Sache sagen, als daß sie reformbedürftig, das heißt unentbehrlich und zu neuem Leben fähig ist? Das heutige Automobil ist über die Einwände erhaben, die man gegen seinen Vorläufer von 1910 erhob. Aber die Abneigung des Volkes gegen das Parlament rührt nicht von Einwänden solcher Art her. Man sagt etwa, das Parlament sei unbrauchbar. Wir müssen darauf fragen: Unbrauchbar wozu? Denn Brauchbarkeit ist die Tugend, die ein Werkzeug zur Herbeiführung eines Endzwecks geeignet macht. In diesem Fall wäre der Endzweck die Lösung der öffentlichen Probleme in den jeweiligen Nationen. Darum verlangen wir von jemandem, der die Parlamente für unbrauchbar erklärt, daß er sich eine klare Vorstellung über die mögliche Lösung der gegenwärtigen öffentlichen Probleme gemacht hat. Denn hat er es nicht und ist man sich heute in keinem Land auch nicht theoretisch darüber klar, was man tun soll, so hat es keinen Sinn, die Regierungsform an den Pranger zu stellen. Fruchtbarer wäre es, daran zu denken, daß noch keine Organisation im ganzen Verlauf der Geschichte größere und mächtigere Gebilde geschaffen hat als die parlamentarischen Staaten des 19. Jahrhunderts. Die Tatsache ist so offenkundig, daß nur krasseste Dummheit sie übersehen kann. Man rede also nicht von der Nutzlosigkeit der gesetzgebenden Versammlungen, wenn es sich um die Möglichkeit und Dringlichkeit ihrer durchgreifenden Reformierung handelt.

Die Abneigung gegen das Parlament hat nichts mit seinen offenkundigen Mängeln, ja überhaupt nichts mit ihm selbst als einem politischen Instrument zu tun. Sie rührt davon her, daß der Europäer nicht weiß, wozu er es gebrauchen soll, daß die

Ziele des traditionellen öffentlichen Lebens ihm nicht zusagen, kurz, daß er sich keine Illusionen über den Staat macht, dessen Bürger, dessen Gefangener er ist. Weder in England noch in Deutschland, noch in Frankreich. Es wäre nutzlos, seine Verfassung im einzelnen zu ändern, denn es ist nicht die Verfassung, die versagt, sondern der Staat selbst; er ist zu klein geworden.

Zum erstenmal spürt der Europäer, da er mit seinen politischen, wirtschaftlichen, geistigen Unternehmungen an die Grenzen seiner Nation stößt, daß seine Lebensmöglichkeiten, sein vitaler Stil in keinem Verhältnis zu der Größe des Kollektivkörpers stehen, in den er eingeschlossen ist. Und damit hat er entdeckt, daß man Provinzler ist, wenn man Engländer, Deutscher oder Franzose ist. Er hat gefunden, daß er weniger ist als früher, denn früher glaubte der Engländer, Franzose, Deutsche jeder von sich, daß er die Welt sei. Hier, scheint mir, liegt die eigentliche Ursache für das Untergangsgefühl, das den Europäer quält. Also eine rein subjektive, in sich widerspruchsvolle Ursache, da ja sein Wahn, es gehe bergab mit ihm, gerade daraus entsteht, daß seine Fähigkeiten gewachsen sind und sich an einer alten Organisation stoßen, in die sie nicht mehr hineinpassen.

Um das Gesagte durch ein greifbares Beispiel zu verdeutlichen, nehme man irgendeine konkrete Tätigkeit, etwa den Automobilbau. Das Automobil ist eine rein europäische Erfindung; aber in der Fabrikation führt heute Nordamerika. Konsequenz: das europäische Auto gerät ins Hintertreffen. Und dennoch weiß man in der europäischen Industrie und Technik ganz genau, daß die Überlegenheit der amerikanischen Erzeugnisse auf keiner speziellen Begabung des Menschen jenseits des Ozeans, sondern einfach darauf beruht, daß die amerikanische Fabrik ihren Wagen ohne irgendwelche Beschränkungen hundertzwanzig Millionen Leuten anbieten kann. Man stelle sich vor, einer europäischen Fabrik stünden als Markt alle europäischen Staaten mit ihren Kolonien und Schutzgebieten offen;

unzweifelhaft könnte ihr Erzeugnis, das für fünf- bis sechshundert Millionen Menschen gebaut wäre, bei weitem besser und billiger sein als der Ford. Die besonderen Vorzüge der amerikanischen Technik sind fast ausnahmslos Wirkungen, nicht Ursachen der Größe und Gleichförmigkeit ihres Absatzgebietes. Die Rationalisierung einer Industrie ist die zwangsläufige Folge ihres Umfangs.

Die tatsächliche Lage Europas wäre sonach folgendermaßen zu beschreiben: Seine lange und großartige Vergangenheit hat es auf eine neue Lebensstufe geführt, wo alles sich vergrößert hat; aber seine Strukturverhältnisse, die aus der Vergangenheit herüberdauern, sind zwerghaft und hemmen die Expansionskräfte der Gegenwart. Europa ist als Gefüge kleiner Nationen entstanden. Nationalgedanke und Nationalgefühl waren in gewissem Sinn seine bezeichnendsten Erfindungen. Nun sieht es sich gezwungen, sich selbst zu überwinden. Dies ist das Schema des gewaltigen Dramas, das sich in den kommenden Jahren abspielen wird. Wird sich Europa von den Überresten der Vergangenheit befreien können oder für immer ihr Gefangener bleiben? Denn es ist schon einmal in der Geschichte geschehen, daß eine große Zivilisation starb, weil sie ihre überlieferte Staatsidee nicht aufgeben konnte …

6

Ich habe andernorts Passion und Tod der griechisch-römischen Welt erzählt und beziehe mich, was gewisse Einzelheiten angeht, auf das dort Gesagte. Aber wir können den Gegenstand jetzt unter einem anderen Gesichtspunkt betrachten.

Griechen und Römer sind, wenn sie in der Geschichte erscheinen, in Städten, urbs, polis, behaust wie Bienen in ihrem Stock. Die Stadt ist eine letzte Gegebenheit von geheimnisvollem Ursprung; eine Gegebenheit, von der man schlechthin auszugehen hat, wie der Zoologe von dem nicht weiter reduzierbaren Tatbestand ausgeht, daß die Wespe als Einzelgänger und Vagabund lebt, die goldfarbene Biene dagegen nur in Waben bauenden Schwärmen. Allerdings gestatten Ausgrabungen und archäologische Forschungen uns, etwas von dem zu erkennen, was auf athenischem und römischem Boden geschah, ehe Athen und Rom bestanden. Aber der Übergang von jener rein bäuerlichen, durch nichts ausgezeichneten Prähistorie zum Keim der Stadt, dieser Pflanze neuer Art, die der Boden beider Halbinseln erzeugte, bleibt dunkel; man kennt nicht einmal den ethnischen Zusammenhang zwischen jenen vorgeschichtlichen Völkern und diesen erstaunlichen Gemeinwesen, die das Repertoire der Menschheit um eine große Neuheit bereicherten, indem sie einen öffentlichen Platz und um ihn her eine gegen das Feld geschlossene Stadt erbauten. Denn will man urbs und polis definieren, so geschieht es am besten nach dem Muster jener Scherzdefinition für die Kanone: Man nehme ein Loch und umwickle es fest mit Draht, dann hat man eine Kanone. Auch die Stadt beginnt als Hohlraum, als Marktplatz, forum, agora; und alles Weitere ist Vorwand, um dies Hohl zu sichern, seinen Umriß abzustecken. Die polis ist ursprünglich nicht ein Haufe bewohnbarer Häuser, sondern ein Ort des bürgerlichen Zusammentreffens, ein abgegrenzter Raum zu öffentlichen Zwekken. Die Stadt ist nicht wie Hütte oder Haus (domus) als Schutz gegen Witterungsunbilden und zum Kinderzeugen gebaut, welches persönliche und Familienangelegenheiten sind, sondern um die gemeinsame Sache zu besprechen. Man beachte, daß hiermit eine neue Gattung Raum konstruiert wurde, viel neuer als der Einsteinsche. Solange gab es nur einen Raum, das Land, und man lebte darin mit allen Folgen, die ein solches Dasein für den Menschen hat. Der Landmann ist noch pflanzenhaft. Sein Leben bewahrt, wenn er denkt, fühlt, will, etwas von der bewußten Dumpfheit des Vegetativen. Die großen asiatischen und afrikanischen Kulturen waren in diesem Sinne große antropomorphe Pflanzenreiche. Aber der antike Mensch löst sich entschlossen vom Land, von der Natur, von dem geobotanischen Kosmos ab. Wie ist das möglich? Wie kann der Mensch das Land verlassen? Wohin soll er gehen, da doch das Land die ganze Erde, das Unbegrenzte ist? Sehr einfach: Er hegt ein Stück Land vermittels einiger Mauern ein und stellt dem gestaltlosen, unendlichen Raum den umschlossenen, endlichen gegenüber. So entsteht der Platz. Er ist nicht wie das Haus ein nach oben hin geschlossenes Innere, darin den Höhlen gleichend, die es auf dem Feld gibt; er ist schlechthin die Verneinung des Feldes. Dank den Mauern, die ihn umgeben, ist der Platz ein Stück Land, das dem Rest den Rücken dreht, von ihm absieht und sich ihm entgegensetzt. Dies rebellische Kleinland, das sich von der großen Mutter abgeschnürt hat und seine Eigenrechte ihr gegenüber wahrt, ist als Land aufgehoben und darum ein Raum sui generis, völlig neu, worin der Mensch, aus jeder Gemeinschaft mit Pflanze und Tier gelöst, ein in sich kreisendes, rein menschliches Reich schafft: den bürgerlichen Raum. Darum wird eines Tages der große Städter, in dem der Lebenssaft der polis siebenfach konzentriert fließt, darum wird einst Sokrates sagen: »Ich habe nichts mit den Bäumen auf dem Felde, ich habe nur mit den Menschen in der Stadt zu tun.« Was haben hiervon je die Inder, Perser, Chinesen oder Ägypter gewußt?

Bis Alexander bzw. Cäsar besteht die Geschichte Griechenlands und Roms aus einem unaufhörlichen Kampf zwischen diesen beiden Räumen: zwischen der rationalen Stadt und dem vegetativen Land, zwischen dem Juristen und dem Bauern, dem jus und dem rus.

Man glaube nicht, dieser Ursprung der Stadt sei eine bloße Konstruktion von mir und es komme ihm nur eine bildliche Wahrheit zu. Mit seltener Zähigkeit bewahren die Bewohner der griechisch-lateinischen Stadt in der ursprünglichen, tiefsten Schicht ihres Gedächtnisses die Erinnerung eines Synoikismos. Man braucht die Texte nicht zu pressen; es genügt sie zu übersetzen. Der Synoikismos ist die Erinnerung an den Beginn des gemeinsamen Lebens, an die »Versammlung« im leiblichen und rechtlichen Sinn des Wortes. Der pflanzenhaften Ausgesätheit über das Land folgt die bürgerliche Zusammenfassung in der Stadt. Die Stadt ist das Über-Haus, die Überwindung des Hauses oder untermenschlichen Nestes, ein abstraktes und höheres Gebilde als der oikos der Familie. Sie ist die res publica, die politeia, die nicht von Männern und Frauen, sondern von Bürgern gebildet wird. Eine neue Dimension, irreduzibel auf die naturgegebenen, dem Tiere näheren, öffnet sich dem menschlichen Dasein; und in ihrem Verfolg werden, die vorher nur Menschen waren, ihre besten Kräfte einsetzen. So entsteht die Stadt von vornherein als Staat.

In gewisser Weise hat die ganze Mittelmeerküste immer eine spontane Neigung zu diesem Staatstypus bekundet. Er wiederholt sich mehr oder weniger rein in Nordafrika (Karthago = die Stadt). Italien behielt bis ins 19. Jahrhundert die Form der Stadtstaaten bei, und die spanische Levante verfällt, sowie sie irgend kann, in den Partikularismus, der ein letzter Bastard jener tausendjährigen Tendenz ist.[1] Durch die relative Einfachheit seines Aufbaus läßt der Stadtstaat deutlich das Wesentliche des Staatsprinzips erkennen. Das Wort Staat (status) zeigt einerseits an, daß die historischen Kräfte zu einer Gleichgewichts- und Ruhelage gelangt sind. In diesem Sinn bedeutet er das Gegenteil von historischer Bewegung: er ist die feste, geordnete, dauernde Gemeinschaft. Aber hinter diesem Charakter der Unbeweglichkeit, der ruhenden, endgültigen Gestalt, verbirgt sich

1 Interessant wäre es zu zeigen, wie in Katalonien zwei gegensätzliche Kräfte am Werk sind: der europäische Nationalismus und der »Stadtgeist« von Barcelona, in dem die Neigung des alten Mittelmeermenschen noch immer lebendig ist. Ich nannte den Levantiner darum gelegentlich den Überrest des homo antiquus auf der Iberischen Halbinsel.

wie hinter jedem Gleichgewicht das Kräftespiel, das es erzeugte und erhält. Verbirgt sich mit einem Wort, daß der bestehende Staat nur das Ergebnis früherer Kämpfe und Bemühungen ist, die auf ihn zielten. Dem bestehenden Staat geht der werdende vorher, und dieser ist ein Prinzip der Bewegung.

Der Staat – das sollte mit diesen Ausführungen gesagt werden – ist kein Geschenk, welches der Mensch vorfindet, sondern muß von ihm mühsam geschaffen werden. Er ist zu unterscheiden von der Horde und dem Stamm und den übrigen, auf Blutsverwandtschaft gegründeten Verbänden, welche die Natur es sich angelegen sein läßt, ohne Mithilfe des Menschen hervorzubringen. Denn der Staat beginnt erst, wenn der Mensch sich der natürlichen Gemeinschaft, der er von Bluts wegen angehört, zu entziehen strebt. Anstatt des Blutes können wir ebensogut irgendein anderes natürliches Prinzip, etwa die Sprache, wählen. Seinem Ursprung nach besteht der Staat aus der Verbindung der Rassen und Zungen. Er ist die Überwindung jeder natürlichen Gemeinschaft. Er ist gemischtrassig und vielsprachig.

So entsteht die Stadt aus der Vereinigung verschiedener Stämme. Über der zoologischen Vielheit errichtet sie die abstrakte Einheit der Rechtsprechung.[1] Es ist klar, daß nicht das Verlangen nach juristischer Einheit zur Staatsschöpfung treibt. Der Trieb dazu ist wirklichkeitsnäher als jedes Recht; er ist der Drang zur Ausführung größerer Unternehmungen, als sie den kleinen Blutsgemeinschaften möglich sind. Hinter der Entwicklungsgeschichte jedes Staates sehen oder ahnen wir immer das Profil eines großen Unternehmers. Wenn wir die historische Situation betrachten, die der Geburt eines Staates unmittelbar vorangeht, finden wir das folgende Schema: Verschiedene kleine Gemeinwesen mit einer Gesellschaftsverfassung, die darauf ein-

---

1 Die Einheit der Rechtsprechung, die nicht notwendig Zentralisation einschließt.

gerichtet ist, daß ein jedes in sich geschlossen leben kann, die nur der internen Gemeinschaft dient. Das weist darauf hin, daß sie in der Vergangenheit tatsächlich ohne Zusammenhang ein jedes aus und für sich und nur in gelegentlicher Berührung mit den Grenznachbarn lebten. Aber dieser Isolierung folgt eine Zeit äußerer, vor allem wirtschaftlicher Verbindungen. Die Glieder der einzelnen Gemeinschaften gehen nicht mehr ganz in ihrem Kreise auf; ein Teil ihres Lebens ist mit den Individuen der anderen Gruppen verknüpft, mit denen sie merkantile und geistige Beziehungen unterhalten. Es entsteht somit ein Konflikt zwischen zwei Lebensverbänden; dem inneren und dem äußeren. Die überkommene Gesellschaftsform – Recht, Sitte, Religion – begünstigt den inneren und hemmt den äußeren, den umfassenderen und neuen. In solcher Lage ist das Wesen des Staates nicht Ruhe, sondern Bewegung, nämlich die Bewegung, welche die soziale Verfassung der inneren Gemeinschaft zu vernichten und durch eine Gesellschaftsform zu ersetzen strebt, die der neuen äußeren Gemeinschaft angemessen ist. Man beziehe diese Ausführungen auf den gegenwärtigen Zustand Europas, und die abstrakten Ausdrücke werden Farbe und Form gewinnen.

Es kann nur zu einer Staatsschöpfung kommen, wenn es irgendwelchen Völkern gelingt, sich von der überlieferten Gemeinschaftsstruktur frei zu machen und darüber hinaus eine andere, bisher unbekannte zu erfinden. Darum ist sie »Schöpfung« im echten Sinn des Wortes. Der Staat ist in seinen Anfängen immer das Werk der frei gestaltenden Einbildungskraft. Die Phantasie ist das Vermögen der Freiheit im Menschen. Ein Volk ist genauso fähig zur Staatenbildung, wie seine Phantasie schöpferisch ist. Daher hatten alle Völker eine Grenze in ihrer staatlichen Entwicklung, eben die Grenze, welche die Natur ihrer Imagination gesetzt hatte.

Die Griechen und Römer, welche durch die Erfindung der polis den Triumph über die ländliche Vereinzelung der Menschen errangen, machten an den Stadtmauern halt. Einer allerdings war da, der die antiken Geister weiterführen, der sie aus der Stadt befreien wollte; aber es war vergebliche Mühe. Die Phantasiearmut des Römers, verkörpert in Brutus, erschlug Cäsar – die schöpferischste Einbildungskraft in der Alten Welt. Wir sollten es nicht unterlassen, wir Europäer von heute, uns jener alten Geschichte zu erinnern; denn die unsrige steht beim gleichen Kapitel.

7

Klare Köpfe, was man klare Köpfe nennt, gab es wahrscheinlich im ganzen Altertum nur zwei, Themistokles und Cäsar, zwei Politiker. Zweifellos gab es Männer genug, die klare Gedanken über viele Dinge hatten – Philosophen, Mathematiker, Naturwissenschaftler –, aber ihre Klarheit war wissenschaftlicher Art, das heißt eine Klarheit über begriffliche Gegenstände. Alle Gegenstände, von denen die Wissenschaft, jede Wissenschaft, spricht, sind begrifflich, und begriffliche Gegenstände sind immer klar. So daß die Klarheit der Wissenschaft nicht so sehr in den Köpfen derer, die sie machen, als in den Gegenständen existiert, von denen sie reden. Das wesentlich Wirre, Undurchsichtige ist die lebendige Wirklichkeit, die immer eine ist. Wer sich in ihr mit Sicherheit zurechtfindet, wer unter dem Chaos jeder konkreten Lebenslage die geheime Anatomie des Augenblicks ahnt, kurz, wer sich nicht im Leben verliert, der ist in Tat und Wahrheit ein klarer Kopf. Beobachtet, die euch umgeben, und ihr werdet sehen, wie verwirrt sie in ihrem Leben sind; sie gehen wie Traumwandler durch ihr gutes und böses Schicksal und haben nicht die leiseste Ahnung von dem, was ihnen geschieht. Ihr hört sie in präzisen Wendungen von sich und ihrer Umwelt sprechen, als besäßen sie deutliche Vorstellungen über das alles. Wenn ihr aber diese Gedanken oberflächlich prüft, werdet ihr merken, daß sie von der Wirklichkeit, auf die sie zu gehen scheinen, weder viel noch wenig widerspiegeln; und wenn ihr tiefer eindringt, werdet ihr finden, daß sie nicht einmal die Absicht haben, sich dieser Wirklichkeit anzupassen. Ganz im Gegenteil: die Menschen benutzen sie, um einer persönlichen Konfrontation mit der Welt und ihrem eigenen Leben auszuweichen. Denn das Leben ist zunächst ein Chaos, in dem man verloren ist. Das ahnen sie; aber es schaudert ihnen, dieser furchtbaren Wirklichkeit Auge in Auge gegenüberzutreten, und sie suchen sie hinter einem Zaubervorhang zu verstekken, auf dem alles sehr klar aussieht. Daß ihre »Ideen« nicht wahr sein könnten, macht ihnen keine Sorge; sie dienen ihnen als Schützengräben, um sich gegen ihr Leben zu verteidigen, als Vogelscheuchen, um die Wirklichkeit zu verjagen.

Klar im Kopf ist der Mann, der die Zauberei solcher »Ideen« abschüttelt und dem Leben ins Gesicht sieht, der sich eingesteht, daß alles darin fragwürdig ist, und sich verloren fühlt. Da dies die reine Wahrheit ist – denn leben heißt sich verloren fühlen –, hat, wer sie zugibt, schon begonnen, sich zu finden, seine wahrhafte Wirklichkeit zu entdecken; er ist auf festem Boden. Instinktiv wird er, wie der Schiffbrüchige, nach etwas ausspähen, sich daran zu halten, und vor diesem schweren, drängenden, von Grund auf wahren Blick, denn es handelt sich um seine Rettung, wird sich das Chaos seines Lebens ordnen. Das sind die einzigen wahren Gedanken, die Gedanken der Schiffbrüchigen. Alles andere ist Rhetorik, Maske, inwendige Heuchelei. Wer sich nicht in Wahrheit verloren fühlt, verliert sich ohne Gnade; das heißt, er findet sich niemals, er stößt niemals auf die eigentliche Wirklichkeit.

Das gilt für alle Lebensordnungen, auch für die Wissenschaft, obgleich die Wissenschaft an sich eine Flucht vor dem Leben ist (die meisten Gelehrten haben sie aus Angst vor der Auseinandersetzung mit ihrem Leben ergriffen. Sie sind keine klaren Köpfe; daher ihre notorische Schwerfälligkeit in allen konkreten Situationen). Der Wert unserer Gedanken hängt davon ab, wie sehr wir uns vor einer Frage verloren fühlten, wie gut wir ihre Problematik gesehen und erkannt haben, daß übernommene

Meinungen, Methoden, Theorien oder Terminologien uns nicht helfen können. Wer eine neue wissenschaftliche Wahrheit entdeckt, mußte vorher fast alles, was er gelernt hatte, zerstören; er kommt mit blutigen Händen bei seiner neuen Wahrheit an, da er auf dem Weg unzähligen Gemeinplätzen die Kehle abgeschnitten hat.

Die Politik ist weit wirklicher als die Wissenschaft, weil sie aus singulären Situationen besteht, in die der Mensch, ob er will oder nicht, plötzlich hineingerissen wird. Sie ist darum der Prüfstein, der uns am besten zwischen klaren und schablonenhaften Köpfen zu unterscheiden erlaubt.

Cäsar ist das größte und bekannte Beispiel für die Gabe, die durchhaltenden Richtlinien der Realität aufzufinden; er tat es in einem Augenblick beklemmender Ratlosigkeit, in einer der verworrensten Stunden, welche die Menschheit erlebt hat. Und als habe das Schicksal sich darin gefallen, seine Einzigartigkeit zu unterstreichen, setzte es ihm Cicero an die Seite, einen unvergleichlichen Intellektuellenkopf, der zeit seines Lebens damit beschäftigt war, alles durcheinanderzubringen.

Durch ein Übermaß an Glück war der politische Organismus Roms aus den Fugen gegangen. Die Tiberstadt, Herrin Italiens, Spaniens, Nordafrikas, des klassischen und hellenistischen Orients, saß auf einem Vulkan. Ihre öffentlichen Einrichtungen waren in der Gemeinde zuständig und untrennbar von der Stadt, wie die Dryaden bei Todesstrafe dem Baum verhaftet sind, den sie beschützen.

Das Heil der Demokratien, von welchem Typus und Rang sie immer seien, hängt von einer geringfügigen technischen Einzelheit ab: vom Wahlrecht. Alles andere ist sekundär. Wenn die Einteilung der Wahlkreise richtig ist, wenn sie sich der Wirklichkeit anpaßt, geht alles gut; wenn nicht, geht alles schlecht, so ausgezeichnet es im übrigen stehen mag. Zu Beginn des 1. Jahrhunderts v. Chr. ist Rom allmächtig, reich, es hat keine Feinde vor sich. Dennoch ist es dem Untergang nahe, weil es hartnäckig an einem törichten Wahlsystem festhält. Ein Wahlsystem ist töricht, wenn es falsch ist. Man mußte in der Stadt stimmen. Schon die Bürger auf dem Lande konnten den Komitien nicht beiwohnen. Ganz zu schweigen von denjenigen, die über die ganze römische Welt zerstreut lebten. Da die Wahlen unmöglich waren, mußte man sie fälschen, und die Kandidaten organisierten Krawalle mit Veteranen des Heeres und Athleten des Zirkus, die es auf sich nahmen, die Urnen zu zerschlagen.

Ohne die Stütze einer vertrauenswürdigen Abstimmung hängen die demokratischen Institutionen in der Luft. In der Luft hängen Worte. »Die Republik war nur noch ein Wort.« Der Ausspruch stammt von Cäsar. Kein Amt besaß Autorität. Die Generäle der Rechten und der Linken erfrechten sich in hohlen Diktaturen, die zu nichts führten.

Cäsar hat sich über seine Politik nie geäußert; er war damit beschäftigt, sie zu machen. Der Zufall wollte, daß er eben Cäsar war und nicht das Handbuch des Cäsarismus, das hinterher zu kommen pflegt. Es bleibt uns nichts übrig, wenn wir seine Politik verstehen wollen, als seine Handlungen zu nehmen und sie bei Namen zu nennen. Das Geheimnis liegt in seiner vornehmsten Tat: der Eroberung beider Gallien. Zu ihrer Ausführung mußte er sich gegen die bestehende Staatsgewalt empören. Warum?

Die Staatsgewalt lag in den Händen der Republikaner, das heißt der Konservativen, der treuen Anhänger des Stadtstaates. Ihre Politik läßt sich in zwei Grundsätzen zusammenfassen: Erstens, die Erschütterungen des öffentlichen römischen Lebens rühren von Roms übermäßiger Ausdehnung her. Die Stadt kann nicht so viele Völker regieren. Jede neue Eroberung ist ein Verbrechen gegen die Republik. Zweitens, soll die Auflösung der Verfassung vermieden werden, so ist ein Princeps nötig.

Unter Princeps verstand der Römer, im Gegensatz zum heutigen Sinn des Wortes, einen Bürger wie jeden anderen, den jedoch höhere Vollmachten befähigten, die Maschinerie der republikanischen Institutionen zu regulieren. Cicero in seinem

Buch »Über den Staat« und Sallust in seinen »Reden an Cäsar« machen sich zum Sprachrohr aller Schriftsteller, wenn sie einen princeps civitatis, einen rector rerum, einen moderator verlangen.

Cäsars Lösung ist das genaue Gegenteil der konservativen. Um die Folgen der früheren römischen Eroberung zu heilen, kann man nach seiner Ansicht nur eines tun: sie fortsetzen und damit ein so starkes Schicksal bis zum Ende auf sich nehmen. Vor allem hält er es für dringend, die neuen Völker zu unterwerfen, die in unferner Zukunft gefährlicher sein werden als die verderbten Nationen des Orients. So setzt sich Cäsar für die Notwendigkeit ein, die westlichen Barbarenstämme von Grund auf zu romanisieren.

Es ist behauptet worden (Spengler), die greko-lateinischen Völker seien unfähig, die Zeit zu erfassen, ihr Dasein als etwas zeitlich Ausgedehntes zu sehen; sie lebten in einer punktförmigen Gegenwart. Ich fürchte, diese Feststellung ist irrig oder verwechselt wenigstens zwei Dinge. Der antike Mensch leidet an einer überraschenden Blindheit für die Zukunft. Er sieht sie nicht, wie der Farbenblinde kein Rot sieht. Aber er ist dafür in der Vergangenheit verwurzelt. Ehe er etwas tut, tritt er einen Schritt zurück, gleich dem Torero Lagartijo, wenn er zum Todesstoß ausholt. Er sucht in der Vergangenheit ein Vorbild, in das er wie in eine Taucherglocke schlüpft, um sich so, zugleich geschützt und entstellt, in das gegenwärtige Problem hineinzustürzen. Darum ist sein Leben in gewisser Weise immer ein Beleben. Ein solches Verhalten ist archaisierend, und das waren die Alten zumeist. Aber es bedeutet nicht Unempfindlichkeit gegen die Zeit, sondern einfach ein unvollständiges Zeitgefühl mit gelähmtem Zukunfts- und überbetontem Vergangenheitssinn.

Wir Europäer haben immer auf die Zukunft hingelebt und halten sie für die wesentlichste Richtung der Zeit, die für uns mit dem »Nachher«, nicht mit dem »Vorher« anfängt. Man wird hieraus verstehen, daß uns das antike Leben zeitlos erscheinen mußte.

Diese Manie, jede Gegenwart mit der Pinzette der Vergangenheit zu ergreifen, hat sich von den Alten auf den modernen Philologen vererbt. Der Philologe ist ebenfalls blind für die Zukunft. Auch er blickt rückwärts und sucht für jede Gegenwart einen Präzedenzfall, den er mit einem lieblichen Wort aus der Schäferpoesie ihre »Quelle« nennt. Ich sage dies, weil sich schon die antiken Biographen Cäsars für das Verständnis seiner gewaltigen Person verschlossen, indem sie annahmen, er wolle Alexander nachahmen. Der Vergleich drängte sich auf. Wenn die Lorbeeren des Miltiades Alexandern nicht ruhen ließen, mußten die Alexanders notwendig Cäsar den Schlaf rauben. Und so weiter. Immer der Schritt zurück, und das Heute setzt den Fuß in die Stapfe des Gestern. Der Philologe unserer Zeit ist das Echo des klassischen Biographen.

Wer glaubt, daß Cäsar etwas derart wie Alexander vorhatte – und das haben fast alle Geschichtsschreiber geglaubt –, verzichtet völlig darauf, ihn zu verstehen. Cäsar ist annähernd das Gegenteil von Alexander. Die Idee eines Universalreiches ist das einzige, was sie verbindet. Aber diese Idee stammt nicht von Alexander, sondern aus Persien. Alexanders Bild hätte Cäsar in den Orient, zu der geheimnisvoll-ehrwürdigen Vergangenheit gezogen. Seine entschiedene Vorliebe für das Abendland bekundet eher den Willen, es anders zu machen als der Makedonier. Überdies ist es kein Universalreich schlechthin, das Cäsar plant. Seine Absichten gehen tiefer. Er will ein Imperium Romanum, das nicht von Rom, sondern von der Peripherie, von den Provinzen, lebt, und das bedeutet die endgültige Überwindung des Stadtstaates. Einen Staat, in dem die verschiedensten Völker zusammenarbeiten, mit dem sich alle solidarisch fühlen. Nicht ein Mittelpunkt, der befiehlt, und eine Peripherie, die gehorcht, sondern ein gewaltiges Gesellschaftsgebilde, in dem jedes Glied zugleich leidender und handelnder Bürger des Staates ist. Das ist der moderne Staat, den sein zukunftsschwangerer Genius auf wunderbare Weise vorwegnahm. Aber das setzte eine außerrömische, antiaristokratische Macht voraus, welche über die republikanische Oligarchie und ihren Princeps, der nur ein Primus inter pares war, hoch hinausragte. Diese exekutive und repräsentative Macht der Universaldemokratie konnte nur ein Monarch mit dem Sitz außerhalb Roms verkörpern.

Republik, Monarchie! Zwei Worte, deren *eigentlicher* Sinn sich in der Geschichte fortwährend abgewandelt hat und die man darum in jedem Augenblick aufs neue prüfen muß, um sich ihres jeweiligen Gehalts zu versichern.

Cäsars Vertrauensmänner, seine unmittelbaren Werkzeuge, waren nicht altertümliche Eminenzen der Stadt, sondern neue Leute, Männer aus den Provinzen, energische und durchgreifende Persönlichkeiten. Sein tatsächlicher Minister war Cornelius Balbo, ein Geschäftsherr aus Cadiz, ein Mann vom Atlantik. Aber die Vorwegnahme des neuen Staates war allzu kühn; die langsamen Köpfe Latiums konnten keinen so weiten Sprung tun. Das Bild der Stadt in ihrer greifbaren Leibhaftigkeit verhinderte die Römer, jene neue Organisation des öffentlichen Lebens zu »sehen«. Wie konnten Menschen, die nicht in einer Stadt lebten, einen Staat bilden? Von welcher Art war eine so wesenslose und gleichsam mystische Einheit?

Ich wiederhole zum anderen Mal: Die Wirklichkeit, die wir Staat nennen, ist nicht die natürlich entstandene Gemeinschaft, die durch Blutsverwandtschaft verbunden sind. Der Staat fängt an, wenn durch Geburt getrennte Gruppen zum Zusammenleben gezwungen werden. Dieser Zwang ist keine nackte Gewalt; er setzt vielmehr als treibende Kraft ein gemeinsames Vorhaben voraus, eine Aufgabe, die den zerstreuten Gruppen gestellt wird. Vor allem anderen ist der Staat das Projekt und Programm einer Zusammenarbeit. Man ruft die Leute, damit sie gemeinsam etwas tun. Der Staat ist weder Blutsverwandtschaft noch sprachliche oder territoriale Einheit, noch Nachbarschaft der

Wohnplätze. Er ist nichts Materielles, Ruhendes, Gegebenes und Begrenztes. Er ist ein reines Kräftespiel – der Wille, etwas gemeinsam zu tun –, und darum ist der Staatsidee keine physische Grenze gesetzt.

Außerordentlich treffend ist das bekannte politische Emblem Saavedra Fajardos: ein Pfeil und darunter die Inschrift: Er steigt oder fällt. Das ist der Staat. Eine Bewegung, kein Ding, in jedem Augenblick *»kommend von«* und *»gehend nach«*. Wie jede Bewegung hat er einen Terminus a quo und einen Terminus ad quem. Man lege zu irgendeiner Zeit einen Schnitt durch einen Staat, der in Wahrheit ein Staat ist, und man wird die Einheit einer Lebensgemeinschaft finden, die auf diese oder jene materielle Eigenschaft gegründet zu sein *scheint*, von der die statische Interpretation sagen wird, eben sie schaffe den Staat, auf Blut, Sprache, »natürliche Grenzen«. Aber wir bemerken alsbald, daß diese Menschengruppe mit Gemeinschaftsangelegenheiten beschäftigt ist, fremde Völker erobert, Kolonien gründet, sich mit anderen Staaten verbündet; das heißt, daß sie das scheinbare Prinzip ihrer Einheit unausgesetzt zu überwinden trachtet. Es ist der Terminus ad quem, es ist der wahrhafte Staat, dessen Einheit gerade in der Überwindung jener gegebenen Einheit besteht. Wenn dieser Trieb zur Weiterbildung nachläßt, geht es mit dem Staat zu Ende, und die schon bestehende, scheinbar physisch begründete Einheit – gegründet auf Rasse, Sprache, natürliche Grenzen – nützt zu nichts; der Staat zersetzt sich, lockert sich, zerfällt.

Nur diese Doppelheit der wirkenden Kräfte – die Einheit, die er schon ist, und die umfassendere, die er werden möchte – erlaubt, das Wesen eines Nationalstaates zu verstehen. Eine Definition der Nation zu geben, das Wort in seiner modernen Bedeutung gebraucht, ist bekanntlich noch nicht geglückt. Der Stadtstaat war ein sehr klarer Begriff, den man mit Augen sehen konnte. Aber die neue Gattung staatlicher Einheit, welche die Gallier und Germanen ausbildeten, die große politische Entdeckung des Abendlandes, ist weit verschwommener und flüchtiger. Der Philologe – der Historiker unserer Zeit –, der von Haus aus ein Hinterzeitler ist, steht dieser gewaltigen Erscheinung fast so ratlos gegenüber wie Cäsar oder Tacitus, wenn sie in ihrem römischen Sprachschatz die beginnenden Staaten jenseits der Alpen und des Rheins oder südlich der Pyrenäen zu schildern suchten. Sie nannten sie civitas, gens, natio und waren sich bewußt, daß keiner dieser Namen die Sache traf.[1] Sie sind nicht civitas aus dem einfachen Grund, weil sie keine Städte sind. Ja, es ist nicht einmal möglich, das Wort auch nur in dem allgemeineren Sinn eines »begrenzten Gebietes« auf sie anzuwenden. Die neuen Völker wechseln mit größter Leichtigkeit die Wohnsitze und erweitern oder verkleinern sie. Sie sind auch keine ethnischen Einheiten, gentes, nationes. Soweit wir sie zurückverfolgen können, sind die neuen Staaten immer aus Gruppen unabhängiger Herkunft gebildet. Sie sind Vereinigungen von Menschen verschiedenen Bluts. Was also ist eine Nation, wenn sie nicht Blutsgemeinschaft, nicht Verhaftung an ein Land, noch irgend etwas dieser Art ist?

Wie immer, kommen wir auch hier am weitesten mit einer reinlichen Anerkennung der Tatsachen. Was springt in die Augen, wenn wir uns die Entwicklung irgendeiner »modernen Nation« – Frankreichs, Spaniens, Deutschlands – vergegenwärtigen? Einfach dies: Was zu einer gewissen Zeit die Nation zu begründen schien, wird in einer späteren wiederaufgehoben. Zuerst ist die Nation offenbar der Stamm, und der Nachbarstamm ist die Nicht-Nation. Dann setzt sie sich aus den beiden Stämmen zusammen; hierauf ist sie ein Gau und ein wenig später schon eine Grafschaft, ein Herzogtum, ein »Königreich«. Die Nation ist León, aber nicht Kastilien, dann León und Kasti-

---

1 Vgl. Dopsch: *Wirtschaftliche und soziale Grundlagen der europäischen Kulturentwicklung aus der Zeit von Cäsar bis auf Karl den Großen.* 2. Auflage 1924, Band 2, S. 3, 4.

lien, aber nicht Aragonien. Die Wirksamkeit zweier Prinzipien wird deutlich: ein wechselndes und immer wieder überwundenes – Stamm, Gau, Grafschaft, »Königreich«, mit ihrer jeweiligen Sprache oder Mundart –, ein anderes durchhaltendes, das souverän alle diese Grenzen überspringt und eine Einheit fordert, wo jenes gerade klaffende Gegensätze schuf.

Die Philologen, so nenne ich alle, die heute Anspruch auf den Namen des Historikers machen – leisten sich eine entzükkende Schildbürgerei, wenn sie davon ausgehen, was die abendländischen Nationen in diesem flüchtigen Augenblick, in diesen zwei, drei Jahrhunderten gewesen sind, und voraussetzen, daß Vercingetorix oder der Cid Campeador schon ein Frankreich von Saint-Malo bis Straßburg – genau dies – oder eine »Spania« von Finisterre bis Gibraltar wollten. Sie lassen, wie jener treuherzige Dramatiker, ihre Helden zum Dreißigjährigen Krieg ausrücken. Um uns zu erklären, wie Frankreich und Spanien geworden sind, setzen sie voraus, daß Frankreich und Spanien als fertige Gebilde im Grund der französischen und spanischen Seelen existierten. Als hätte es von Anbeginn, bevor es noch Frankreich und Spanien gab, Franzosen und Spanier gegeben! Als wären Franzosen und Spanier nicht einzig das Ergebnis einer zweitausendjährigen Bemühung.

Die ganze Wahrheit ist, daß die gegenwärtigen Nationen nur die gegenwärtige Manifestation jenes veränderlichen, zu ewiger Überwindung verurteilten Prinzips sind. Dies Prinzip ist heute nicht die Blut- oder Sprachgemeinschaft, denn in Frankreich und Spanien waren beide Wirkung, nicht Ursache des einheitlichen Staates; dies Prinzip ist heute die »natürlich Grenze«.

Es ist recht und gut, wenn ein Diplomat in seinen durchtriebenen Fechtkünsten als Ultima ratio seiner Beweisführung den Begriff der natürlichen Grenze benutzt. Aber der Geschichtsschreiber kann sich nicht hinter ihm wie in einer endgültigen Stellung verschanzen. Er ist weder endgültig noch auch nur hinlänglich charakteristisch.

Wir wollen nicht vergessen, welches, genau formuliert, unser Problem ist. Es handelt sich darum, den Nationalstaat – das, was wir heute Nation nennen – im Unterschied zu anderen Staatsformen, zum Stadtstaat oder seinem Gegenpol, dem Imperium des Augustus, zu charakterisieren.[1] Will man den Gegenstand noch klarer und deutlicher bezeichnen, so sage man: Welche reale Kraft hat diesen Verband von Millionen von Menschen unter einer souveränen öffentlichen Macht geschaffen, die wir Frankreich, England, Spanien, Italien, Deutschland nennen? Es war nicht die voraufgehende Gemeinschaft des Bluts, denn in jedem dieser Kollektivkörper fließen verschiedene Blutströme. Es war auch nicht die Einheit der Sprache, denn die heute in einem Staat verbundenen Völker sprachen verschiedene Sprachen, oder sprechen sie noch. Die relative Gleichförmigkeit der Rasse und Sprache, die sie heute genießen, wenn das ein Genuß ist, entstand als Folge der vorherigen politischen Einigung. Weder Blut noch Sprache also machen den Nationalstaat; eher ist er es, der die ursprünglichen Unterschiede der roten Blutkörperchen und des artikulierten Lautes ausgleicht. Und es ist immer so gegangen. Selten, sozusagen nie ist *der Staat*

1 Bekanntlich ist das Reich des Augustus *das Gegenteil* dessen, was sein Adoptivvater Cäsar schaffen wollte. Augustus geht im Sinne des Pompejus, der Feinde Cäsars, vor. Das beste Buch über diesen Gegenstand ist bis heute Eduard Meyer, *Cäsars Monarchie und das Prinzipat des Pompejus. Innere Geschichte Roms von 66 bis 44 v. Chr.*, Stuttgart und Berlin 1918. Aber wenn es auch das beste ist, scheint es mir doch unzulänglich; und das ist kein Wunder; denn es gibt heute nirgends Historiker großen Formats. Meyers Buch ist gegen Mommsen geschrieben, der ein gewaltiger Historiker war, und wenn man auch nicht grundlos behauptet, daß Mommsen Cäsar idealisiert und ins Übermenschliche, Typische steigert, so scheint mir doch, daß er das Wesen seiner Politik besser erfaßt hat als Meyer. Auch das ist nicht überraschend, denn Mommsen war mehr als ein gewaltiger Philologe, er war auch ein »Futurist«. Und man sieht von der Vergangenheit ungefähr so viel, wie man von der Zukunft ahnt.

mit einer vorher bestehenden Bluts- und Sprachgemeinschaft zusammengefallen. Spanien ist heute nicht darum ein Nationalstaat, weil man dort überall Spanisch spricht,[1] noch waren Katalonien und Aragonien Nationalstaaten, weil eines gewissen, willkürlich herausgegriffenen Tages die territorialen Grenzen ihrer Landeshoheit mit denen der katalanischen bzw. aragonesischen Sprache übereinstimmten. Wir sind jedenfalls der Wahrheit näher und haben der Fallsammlung, die jede Wirklichkeit darstellt, mehr Gerechtigkeit widerfahren lassen, wenn wir uns auf die folgende Formulierung festlegen: Jede sprachliche Einheit, die ein Gebiet von einiger Ausdehnung umfaßt, ist so gut wie sicher Niederschlag einer voraufgegangenen politischen Einigung.[2] Der Staat ist immer der große Dolmetsch gewesen.

Diese Tatsache ist längst bekannt, und die Hartnäckigkeit, mit der man trotzdem dabei beharrt, Blut und Sprache zur Grundlage der Nationalität zu machen, ist erstaunlich. Sie verrät, meine ich, nicht weniger Undank als Unverstand. Denn der heutige Franzose dankt sein Frankreich und der heutige Spanier sein Spanien einem Prinzip x, dessen Wirkungskraft gerade in der Überwindung der engen Bluts- und Sprachgemeinschaft bestand.

Eine ähnliche Verdrehung begeht man, wenn man die Idee der Nation auf eine Bodengestalt gründen und das Prinzip der Einheit, das Blut und Sprache nicht liefern, in den geographischen Geheimkräften der »natürlichen Grenzen« entdecken möchte. Wir stoßen hier auf die gleiche optische Täuschung. Der Zufall des gegenwärtigen historischen Datums zeigt uns die

---

1 Es trifft nicht einmal als bloße Tatsache zu, daß alle Spanier Spanisch, alle Engländer Englisch oder alle Deutschen Hochdeutsch sprechen.

2 Die Fälle des Koinon und der lingua franca, die nicht nationale, sondern ausgesprochen internationale Sprachen sind, bleiben natürlich unberücksichtigt.

sogenannten Nationen in geräumigen Gebieten des Festlands oder auf den benachbarten Inseln angesiedelt. Aus diesen augenblicklichen Grenzen möchte man etwas Endgültiges und Metaphysisches machen. Sie sind, sagt man, »natürliche Grenzen«, und unter ihrer »Natürlichkeit« versteht man eine gleichsam magische Vorherbestimmung der Geschichte durch die Gestalt der Erdoberfläche. Aber dieser Mythos zergeht augenblicklich, wenn man ihn derselben Überlegung unterwirft, welche die Annahme der Bluts- und Sprachgemeinschaft als Quelle der Nationalität entkräftete. Genau wie in jenem Zusammenhang begegnet uns hier, wenn wir um ein paar Jahrhunderte zurückgehen, ein Frankreich, ein Deutschland, das in kleinere Nationen mit ihren unvermeidlichen »natürlichen Grenzen« aufgelöst ist. Die Berggrenze mag weniger majestätisch als Pyrenäen oder Alpen, die Flußschranke weniger wasserreich sein als der Rhein, die Straße von Calais oder die Meerenge von Gibraltar; aber das beweist nur, daß die »Natürlichkeit« der Grenzen keine absolute Größe ist, sondern von den Kriegs- und Wirtschaftsmitteln des Zeitalters abhängt.

Die historische Realität der »natürlichen Grenze« besteht einfach darin, daß sie die Ausdehnung des Volkes A über das Volk B aufhält. Weil sie die Ausbreitung und Kriegführung für A erschwert, schützt sie B. Die Idee der »natürlichen Grenze« setzt somit als noch natürlicher denn die Grenze die Möglichkeit unbeschränkter Ausdehnung und Verschmelzung bei den Völkern voraus. Nur ein materielles Hindernis, so scheint es, kann sie in Zaum halten. Die Grenzen von gestern und vorgestern erscheinen uns heute nicht als die Fundamente der betreffenden Nation, sondern im Gegenteil als die Störungen, auf die der nationale Gedanke bei seinem Einigungswerk stieß. Dennoch möchten wir den Grenzen von heute einen endgültigen und apriorischen Charakter beilegen, obgleich die neuen Verkehrs- und Kriegsmittel ihre Wirksamkeit als Hindernisse schon aufgehoben haben.

Welche Rolle spielten dann die Grenzen bei der Bildung der Nationalität, wenn sie doch nicht ihr tragendes Fundament waren? Die Antwort ist klar und höchst bedeutsam, wenn man die Grundkonzeption des Nationalstaates im Gegensatz zum Stadtstaat verstehen will. Die Grenzen dienten dazu, in jedem Augenblick die schon erreichte staatliche Gemeinschaft zu befestigen. Sie waren sonach nicht *der Anfang* der Nation, sondern *im Anfang* gerade ein Hemmschuh und dann, als sie einmal festgelegt waren, das materielle Mittel zur Sicherung der Einheit.

Genau dieselbe Rolle fällt der Rasse und Sprache zu. Nicht die angeborene Gleichheit der einen oder anderen *bildete* die Nation, sondern im Gegenteil: der Nationalstaat stand in seinem Streben nach Vereinheitlichung immer vielen Rassen und vielen Sprachen als ebenso vielen Hindernissen gegenüber. Nachdem sie energisch überwunden waren, schuf er eine relative Gleichförmigkeit der Rasse und der Rede, die nun ihrerseits das Zusammengehörigkeitsgefühl stärkte. Es bleibt also nichts übrig, als die traditionelle Verdrehung, welche die Idee des Nationalstaates erlitten hat, wiedergutzumachen und uns an den Gedanken zu gewöhnen, daß gerade die drei Dinge, auf denen die Nationalität beruhen sollte, ihre Entwicklung zunächst störten. Es ist klar, daß ich, indem ich eine Verdrehung aufhebe, nun selber eine zu begehen scheine.

Wir müssen uns entschließen, das Geheimnis des Nationalstaates in seinen eigentümlichen Triebkräften »als Nationalstaat«, in seiner Politik selbst, und nicht in fremden Prinzipien biologischer oder geographischer Art zu suchen.

Warum hielt man es denn für notwendig, auf Rasse, Sprache und Scholle, das durch Geburt Gemeinsame, zurückzugreifen, wenn man die wunderbare Tatsache der modernen Nationen verstehen wollte? Einfach darum, weil sie eine restlose Verschmelzung und Solidarität des Individuums mit der öffentlichen Macht bekunden, die den antiken Staaten fremd waren.

In Athen und Rom waren nur einige wenige Männer der Staat; die übrigen – Sklaven, Verbündete, Provinzialen, Kolonen – waren bloße Untertanen. In England, Frankreich, Spanien, Deutschland gab es niemals bloße Untertanen des Staates; jedermann hatte teil an ihm, war eins mit ihm. Die Form, vor allem die rechtliche, dieser Vereinigung mit und in dem Staat hat mit den Zeiten vielfach gewechselt. Es gab große Unterschiede des Ranges und des persönlichen Standes, verhältnismäßig begünstigte und verhältnismäßig zurückgesetzte Klassen; aber wenn man die tatsächlich bestehende politische Situation in jeder Epoche deutet und sich ihren Geist lebendig macht, sieht man klar, daß jeder einzelne sich als handelnder Bürger des Staates, als sein Teilhaber und Mitarbeiter, fühlte.

Der Staat ist immer – welches auch seine Verfassung sei, ob primitiv, mittelalterlich oder modern – die Einladung, die eine Gruppe von Menschen an andere menschliche Gruppen zur gemeinsamen Ausführung eines Unternehmens ergehen läßt. Dieses Unternehmen besteht letzten Endes – wie immer seine Zwischenstufen seien – darin, eine gewisse Art des Gemeinschaftslebens zu schaffen. Staat einerseits und Lebensplan, Arbeits- und Verhaltungsprogramm der Menschen andererseits bilden eine untrennbare Einheit. Die verschiedenen Staatsformen entstehen aus den verschiedenen Arten, nach denen die *Unternehmergruppe* die Zusammenarbeit mit *den anderen* einrichtet. So gelingt es dem antiken Staat niemals, mit *den anderen* zu verschmelzen. Rom beherrscht und erzieht die Italiker und die Provinzialen; aber es läßt sich nicht herbei, sie sich zu assimilieren. Selbst in der Stadt kam es zu keiner politischen Verschmelzung der Bürger. Man vergesse nicht, daß Rom während der Republik strenggenommen aus zwei Teilen bestand: Senatus Populusque Romanus. Die staatliche Einigung ging nie über eine bloße Eingliederung der Gruppen hinaus, die einander immer getrennt und fremd gegenüberstanden. Darum konnte das bedrohte Imperium nicht mit der Vaterlandsliebe *der anderen* rechnen und mußte sich ausschließlich mit seinen bürokratischen Verwaltungs- und Kriegsmitteln verteidigen.

Die Unfähigkeit aller griechischen und römischen Gruppen, mit anderen zu verschmelzen, hat tiefe Gründe, die hier nicht untersucht werden können; doch lassen sie sich letzten Endes dahin resümieren, daß der antike Mensch die Zusammenarbeit, woraus, ob er will oder nicht, der Staat besteht, auf eine zu einfache, elementare und grobe Art verstand, als ein Nebeneinander von Herrschenden und Beherrschten.[1] Rom lag es ob zu regieren, nicht zu gehorchen; den übrigen, zu gehorchen, nicht zu regieren. Auf diese Weise gewinnt in dem pomoerium, dem Stadtkörper, den einige Mauern physisch umgrenzen, der Staat sinnfällige Gestalt.

Aber die neuen Völker bringen eine weniger materielle Deutung des Staates herauf. Wenn er ein Aufbruch zu gemeinsamer Tat ist, so ist sein Wesen rein dynamisch, ein *Tun*, Gemeinschaft im Handeln. Demgemäß ist jeder, der sich der Unternehmung anschließt, tätiger Teil des Staates, politisches Subjekt. Rasse, Blut, geographische Heimat, soziale Klasse stehen in zweiter Linie. Nicht die immer gewesene, aus unvordenklicher Vergangenheit überkommene und darum schicksalhafte und unabänderliche Verknüpftheit liefert den Rechtstitel für die politische Lebensgemeinschaft, sondern die künftige Verbundenheit im aktuellen Tun. Nicht was wir gestern waren, sondern was wir morgen gemeinsam sein werden, vereint uns zum Staat. Daher

---

1 Die Verleihung des Bürgerrechtes an alle Bewohner des Reiches, die hiermit zunächst in Widerspruch zu stehen scheint, ist vielmehr eine Bestätigung. Denn dies Zugeständnis wurde gerade in dem Maße gemacht, in dem das Bürgerrecht seinen Charakter als politisches Institut verlor und sich entweder in ein einfaches Dienstverhältnis zum Staat oder in einen bloßen zivilrechtlichen Titel verwandelte. Von einer Zivilisation, welche die Sklaverei prinzipiell anerkannte, war nichts anderes zu erwarten. In unseren »Nationen« war die Sklaverei nur ein Überbleibsel.

die Leichtigkeit, mit der die politische Einheit im Abendland alle Grenzen überspringt, in denen der antike Staat gefangen war. Und das, weil der Europäer im Unterschied zum Homo antiquus der Zukunft offensteht, bewußt in ihr behaust lebt und von ihr her sein gegenwärtiges Verhalten einrichtet. Ein politischer Impuls solcher Art muß unausweichlich zur Bildung immer umfassenderer Einheiten forttreiben, ohne daß ihn prinzipiell irgend etwas aufhalten könnte. Die Fähigkeit zur Verschmelzung ist unbegrenzt, nicht nur bei den Völkern, sondern auch bei den sozialen Klassen innerhalb des Nationalstaates selbst. In dem Maße, wie die Nation an Boden und Völkern wächst, wird die Zusammenarbeit im Innern einheitlicher. Der Nationalstaat ist in seiner Wurzel demokratisch, und das ist entscheidender als alle Unterschiede der Regierungsformen.

Es ist aufschlußreich zu beobachten, wie jede Definition, welche die Nation auf etwas in der Vergangenheit Gemeinsames zurückführt, schließlich als die beste Formulierung die Renansche wählt, einfach weil dort dem Blut, der Sprache, den gemeinsamen Traditionen als neues Merkmal hinzugefügt wird, daß sie eine »tägliche Volksabstimmung« ist. Aber versteht man recht, was dieser Ausdruck bedeutet? Können wir ihm nicht jetzt einen Inhalt von entgegengesetztem Vorzeichen geben, als Renan ihm unterlegte, einen Inhalt jedoch, welcher der Wahrheit ein gut Stück näher kommt?

8

»Gemeinsame Triumphe in der Vergangenheit und ein gemeinsamer Wille in der Gegenwart, die Erinnerung an große Taten und die Bereitschaft zu weiteren, das sind die wesentlichen Bedingungen für das Dasein eines Volkes ... In der Vergangenheit ein Erbe an Ruhm und Reue, in der Zukunft das gleiche Ziel für alle ... Die Nation ist ein tägliches Plebiszit.« So lautet der bekannte Satz Renans. Wie erklärt sich sein ungewöhnlicher Erfolg? Ohne Zweifel durch die Grazie des kleinen Postskripts. Der Gedanke, daß die Nation durch eine tägliche Abstimmung zustande kommt, wirkt auf uns wie eine Befreiung. Gemeinsames Blut, gemeinsame Sprache und Vergangenheit sind unbewegliche, schicksalverhängte, starre, leblose Prinzipien, sind Gefängnisse. Wäre die Nation dies und sonst nichts, so läge sie hinter uns, wir hätten nichts mehr mit ihr zu tun. Die Nation wäre etwas, was man ist, nicht etwas, was man schafft. Es hätte keinen Sinn, sie auch nur zu verteidigen, wenn einer sie angriffe.

Unser Leben ist, ob wir wollen oder nicht, immer mit etwas Zukünftigem beschäftigt; vom gegenwärtigen Augenblick her sind wir auf den kommenden gerichtet. Leben ist immer tätig ohne Rast noch Ruhe. Warum ist es niemandem eingefallen, daß wir mit jedem *Tun* eine Zukunft verwirklichen? Selbst wenn wir damit beschäftigt sind, uns zu erinnern. Wir »*tun* Erinnerung« in diesem Augenblick, um in dem nächsten etwas zu erreichen, und wäre es nur das Vergnügen, ein Vergangenes zu erwecken. Dies einsame, anspruchslose Vergnügen erschien uns einen Wimpernschlag vorher als wünschenswerte Zukunft; so »*tun*« wir etwas, es uns zu verschaffen. Stellen wir also fest: nichts hat Sinn für den Menschen außer in Beziehung auf die Zukunft.[1]

---

1 Hiernach wäre das Menschenwesen unabänderlich »futuristisch«, das heißt, es lebte vor allem in der Zukunft und von der Zukunft. Trotzdem habe ich den antiken Menschen dem Europäer gegenübergestellt und behauptet, daß jener der Zukunft verhältnismäßig verschlossen und dieser verhältnismäßig offen sei. Hier scheint ein Widerspruch vorzuliegen, der sich jedoch auflöst, wenn man bedenkt, daß der Mensch ein Wesen mit zwei Stockwerken ist: Einerseits ist er, was er ist; andererseits hat er Vorstellungen von sich selbst, die mehr oder weniger mit seinem wahrhaften Sein zusammenfallen. Unsere Gedanken, Wertungen, Wünsche können evidentermaßen unsere eigentliche Beschaffenheit nicht aufheben, wohl aber abwandeln und verwirren. Die Al-

Wenn die Nation nur aus Vergangenem und Gegenwärtigem bestünde, würde sich niemand damit befassen, sie gegen einen Angriff zu verteidigen. Die das Gegenteil behaupten, sind Heuchler oder Narren. Aber die Vergangenheit wirft Köder – wirkliche oder imaginäre – in die Zukunft aus. Wir wollen eine Zukunft, in der unsere Nation weiterbesteht; darum rühren wir uns zu ihrer Verteidigung und nicht des Blutes, der Sprache oder der gemeinsamen Vergangenheit wegen. Wenn wir unsere Nation verteidigen, verteidigen wir unser Morgen, nicht unser Gestern.

Das ist es, was in Renans Satz aufleuchtet: die Nation als mitreißendes Zukunftsprogramm. Die Volksabstimmung entscheidet über die Zukunft. Daß in diesem Fall die Zukunft nur in einem Fortdauern der Vergangenheit besteht, ändert nicht das geringste an der Tatsache. Es verrät einzig, daß auch Renans Definition archaisierend ist.

Darum ist der Nationalstaat als politisches Prinzip der reinen Idee »Staat« näher als die antike Polis oder der »Stamm« der Araber, der durch das Blut umschrieben ist. In Tat und Wahrheit ist auch der Gedanke des Nationalstaates nicht wenig durch die Verhaftung an Rasse, Scholle, Vergangenheit beschwert; aber gerade darum ist es überraschend, wie in ihm immer wie-

---

ten waren nicht anders als die Europäer mit der Zukunft beschäftigt; aber jene unterstellten die Zukunft dem Gebot der Vergangenheit, während wir der Zukunft, dem Neuen als solchem, die größere Macht einräumen. Dieser Gegensatz, nicht des Seins, aber des Vorziehens, rechtfertigt es, wenn wir den modernen Menschen als den zukunftliebenden, den antiken dagegen als den altertümelnden kennzeichneten. Es ist aufschlußreich, daß der Europäer, kaum daß er erwacht und Besitz von sich selbst ergreift, von seinem Leben als der »modernen Zeit« spricht. Unter modern versteht man bekanntlich das Neue, das den alten Brauch verdrängt. Schon im 14. Jahrhundert beginnt man gerade in den Fragen, die jene Zeit am tiefsten angingen, das Moderne zu betonen; so spricht man von der devotio moderna, einer Art Vortruppbewegung in der mystischen Theologie.

der das reine Prinzip der Sammlung der Menschen um ein werbendes Arbeitsprogramm triumphiert. Ja, ich möchte behaupten, daß diese Belastung mit Vergangenheit, diese relative Beschränkung auf materielle Prinzipien nicht ursprünglich in den Seelen des Abendlandes lag noch liegt, sondern aus der gelehrten Interpretation stammt, welche die Romantik der Idee der Nation gegeben hat. Hätte das Mittelalter denselben Staatsbegriff gehabt wie das 19. Jahrhundert, so wären England, Frankreich, Deutschland ungeboren geblieben.[1] Denn diese Deutung verwechselt die treibenden und gestaltenden Kräfte der Nation mit den bloß sichernden und erhaltenden. Es ist nicht die Vaterlandsliebe – sagen wir es rundheraus –, welche die Nationen macht. Wer es glaubt, fällt auf jene Abderitenlogik herein, von welcher schon einmal die Rede war; selbst Renan in seiner berühmten Definition ist ihr nicht entgangen. Wenn es zur Existenz einer Nation nötig ist, daß eine Gruppe von Menschen auf eine gemeinsame Vergangenheit zurückblickt, so frage ich mich, wie wir eben diese Gruppe von Menschen nennen sollen, solange sie als gegenwärtig erlebt, was von heute aus gesehen ihre Vergangenheit ist. Offenbar mußte jenes gemeinsame Leben vergehen, vergangen sein, damit sie sagen konnten: wir sind eine Nation. Stößt man nicht hier auf das Berufsgebresten des Philologen, des Archivars, seine Berufsoptik, die ihn hindert, die Wirklichkeit zu sehen, wenn sie noch nicht vergangen ist? Der Philologe ist es, der zu seiner Existenz als Philologe eine Vergangenheit nötig hat, aber nicht die Nation. Im Gegenteil, ehe sie eine gemeinsame Vergangenheit haben konnte, mußte sie diese Gemeinsamkeit schaffen, und ehe sie sie schuf, mußte sie sie träumen, wollen, planen. Ja, es genügt zur Existenz einer Nation, daß sie sich selber vorhat, auch wenn sie sich nicht erreicht, auch wenn die Ausführung scheitert, wie

1 Das Nationalitätenprinzip ist zeitlich eines der ersten Symptome der Romantik – Ende des 18. Jahrhunderts.

es oft geschehen ist. Wir sprechen dann von einer mißlungenen Nation, wie im Falle Burgunds.

Die Völker Mittel- und Südamerikas haben mit Spanien Vergangenheit, Rasse und Sprache gemein und bilden doch keine Nation mit ihm. Warum? Es fehlt nur eines, was offenbar das Wesentliche ist: die gemeinsame Zukunft. Spanien wußte kein gemeinsames Zukunftsprogramm aufzustellen, das die biologisch verwandten Rassen angezogen hätte. So entschied das Plebiszit, die Zukunft erwägend, zuungunsten Spaniens, und Archive, Erinnerungen, Vorfahren und »Vaterland« vermochten nichts dagegen. All dies dient, wenn es vorhanden ist, der Konsolidierung, aber das ist alles.[1]

Ich sehe also im Nationalstaat ein historisches Gebilde, für welches die Existenz des Volksentscheids wesentlich ist. Alles, was er außerdem zu sein scheint, hat vorübergehenden und wechselnden Wert, bezieht sich auf den Inhalt, die Form, die Sicherheit, die das Plebiszit jeweils erfordert. Renan fand das Zauberwort, das Licht ausstrahlt; es erlaubt uns, ins innere Gewebe einer Nation hineinzuleuchten.

Zwei Elemente bauen sie auf: erstens ein Vorschlag zu bedingungsloser Lebensverbundenheit in einem gemeinsamen Unternehmen; zweitens die Gefolgschaft der Menschen gegenüber solchem Aufruf. Diese Gefolgschaft aller erzeugt die innere Stärke, welche den Nationalstaat von allen antiken Staatsgebilden unterscheidet. Dort wird die Einheit durch äußeren Druck des Staates auf die verschiedenartigen Gruppen hergestellt und erhalten, während hier die Festigkeit des Staates dem ursprünglichen und tiefen Zusammenhalt zwischen den »Bür-

---

1 Ein Beispiel hierfür spielt sich eben, gewaltig und klar wie ein Laboratoriumsversuch, vor uns ab: Es muß sich zeigen, ob England durch den Vorschlag eines einleuchtenden Aktionsprogramms die verschiedenen Teile seines Reiches unter seiner Souveränität zusammenzuhalten vermag.

gern« entspringt. In Wahrheit sind die Bürger bereits der Staat und können ihn nicht – das ist das Neue, Wunderbare an der Nation – als etwas ihnen Fremdes empfinden.

Aber Renan macht seine Einsicht fast zunichte, indem er der Volksabstimmung einen rückwärtsgewandten Inhalt gibt, sie auf einen fertigen Staat gehen läßt, über dessen Fortdauer sie bestimmt. Ich möchte ihr das entgegengesetzte Vorzeichen geben und sie zum Richter über die Nation in statu nascendi machen. Das ist der entscheidende Gesichtspunkt. Denn in Wahrheit ist eine Nation niemals fertig. Darin unterscheidet sie sich von anderen Staatstypen. Die Nation ist immer im Aufbau oder im Abbau. Tertium non datur. Sie gewinnt Anhänger oder verliert sie, je nachdem ihr Staat im gegebenen Zeitpunkt eine lebendige Aufgabe darstellt oder nicht.

Es wäre daher außerordentlich instruktiv, alle jene einigenden Unternehmungen aufzusuchen, die nacheinander die Menschengruppen des Abendlandes entflammt haben. Man würde sehen, wie die Europäer von diesen Unternehmungen nicht nur der Öffentlichkeit, sondern bis in ihr persönlichstes Dasein hinein gelebt haben; wie sie sich »trainierten« und gehenließen, je nachdem eine Aufgabe in Sicht war oder nicht.

Noch eines würde aus einer solchen Untersuchung klar hervorgehen. Die politischen Ziele der Alten – gerade weil sie nicht die Gefolgschaft der betreffenden menschlichen Gruppen als einigende Kraft voraussetzten, gerade weil der eigentliche Staat durch seine Bindung an Stamm oder Stadt immer einer schicksalhaften Beschränkung unterlag – waren praktisch unbegrenzt. Ein Volk, Perser, Makedoner, Römer, konnte beliebige Teile des Planeten einer einheitlichen Oberherrschaft unterwerfen. Da die Einheit keine echte, innere, definitive war, hing sie von keinen anderen Bedingungen als von der kriegerischen und administrativen Tüchtigkeit des Eroberers ab. Im Abendland dagegen mußte die Einswerdung unerbittlich durch eine Kette von Zwischenzuständen hindurchgehen. Wir hätten uns mehr über die Tatsache wundern sollen, daß in Europa kein Reich von dem Ausmaß des Perserreiches, des Reiches Alexanders oder des römischen Imperiums unter Augustus möglich gewesen ist.

Die Bildung der europäischen Staaten ist immer nach folgendem Rhythmus vor sich gegangen: *Erste Stufe:* Der eigentümliche Instinkt des Abendlandes, dem ein Staat in Form einer Verschmelzung mehrerer Völker zur Einheit einer politischen und sittlichen Gemeinschaft vorschwebt, greift an den geographisch, ethnisch und sprachlich nächsten Gruppen an. Nicht weil diese Nähe die Nation begründet, sondern weil man der Verschiedenheit unter Nahestehenden leichter Herr wird. *Zweite Stufe:* Die Periode der Sicherung, in welcher die *anderen* Völker jenseits des neuen Staates als Fremdlinge und mehr oder minder als Feinde angesehen werden. Es ist die Periode, in welcher die nationale Entwicklung exklusiv wird und zur Abschließung innerhalb eines Staates neigt, kurz das, was wir heute *Nationalismus* nennen. Aber tatsächlich lebt man, während man die *anderen politisch* als Fremde und Nebenbuhler empfindet, wirtschaftlich, geistig und sittlich mit ihnen zusammen. Die nationalistischen Kriege dienen dazu, die technischen und geistigen Unterschiede auszugleichen. Die gewohnheitsmäßigen Feinde ähneln sich in historischem Betracht einander an. Langsam steigt am Horizont das Bewußtsein auf, daß die Gegnervölker dem gleichen Menschheitskreis angehören wie der eigene Staat. Dennoch fährt man fort, sie als fremd und feindlich zu betrachten. Dritte Stufe: Der Staat genießt vollkommene Sicherung. Nun entsteht ihm die neue Aufgabe, sich den Völkern zu verbinden, die bis gestern seine Feinde waren. Es wächst die Überzeugung, daß man einander in sittlicher und praktischer Lebensbezogenheit verwandt ist und gemeinsam einen nationalen Kreis gegenüber anderen noch ferneren und fremderen Gruppen bildet. Dann ist die neue nationale Idee reif.

Ein Beispiel wird verdeutlichen, was ich sagen will. Man behauptet gewöhnlich, daß zu den Zeiten des Cid Spanien – Spania – schon eine nationale Einheit war; und um die Behauptung zu erhärten, fügt man hinzu, daß schon Jahrhunderte früher der heilige Isidorus von der »Mutter Spanien« sprach. Nach meiner Ansicht ist dies ein grober Irrtum in der historischen Perspektive. Zur Zeit des Cid begann León-Kastilien sich zu einem Staat zu verbinden, und diese leonesisch-kastilische Einheit war die Nationalidee, die politisch wirksame Idee, jener Epoche. Spania dagegen war ein vorzüglich gelehrter Begriff; auf jeden Fall einer der fruchtbaren politischen Gedanken, die das römische Reich im Boden des Abendlandes zurückließ. Die »Spanier« hatten sich daran gewöhnt, unter römischer Herrschaft zu einer Verwaltungseinheit, einer Diözese des Imperiums, verbunden zu sein. Aber dieser geographisch-administrative Begriff war lediglich übernommen, keine innere Eingebung und nichts weniger als eine Sehnsucht.

So gerne man sich diese Idee schon im 11. Jahrhundert wirkend denkt, man wird zugeben müssen, daß sie nicht einmal zu der Stärke und Deutlichkeit gelangt war, welche schon für die Griechen des 6. Jahrhunderts der Begriff Großgriechenlands besitzt. Doch war Hellas nie eine wahrhafte Nationalidee. Die tatsächliche historische Korrespondenz ließe sich eher dahin ausdrücken, daß Hellas dem Griechen des 6. und Spania dem »Spanier« des 11. und noch des 14. Jahrhunderts dasselbe bedeutet wie Europa für den »Europäer« des 19. Jahrhunderts.

Man sieht, wie die Aufgaben der nationalen Einigung zu ihrer Zeit erscheinen gleich den Tönen einer Melodie. Die bloße Verwandtschaft von gestern kann erst morgen einen Ausbruch nationaler Aspirationen zeitigen. Daß ihre Stunde kommt, ist jedoch so gut wie sicher.

Für die *Europäer* bricht jetzt die Zeit an, da Europa zu einer Nationalidee werden kann. Und der Glaube hieran ist viel weniger utopisch, als es im 11. Jahrhundert die Prophezeiung des einigen Spanien gewesen wäre. Je treuer der Nationalstaat des

Abendlandes seinem wahren Wesen bleibt, um so geradliniger wird er sich zu einem gewaltigen Kontinentstaat entwickeln.

Kaum haben sich die Nationen des Okzidents bis an ihre gegenwärtigen Grenzen ausgedehnt, so wird um sie her und hinter ihnen wie eine Grundierung Europa sichtbar. Europa ist die gemeinsame Landschaft, in der sie sich seit der Renaissance bewegen, und diese europäische Landschaft sind sie selber, die, ohne daß sie es merken, schon von ihrer kriegerischen Vielheit abzusehen beginnen. England, Deutschland, Frankreich, Italien, Spanien bekämpfen sich, schließen Bündnisse, lösen sie auf, stellen sie wieder her. Aber dies alles, Krieg und Frieden, ist ein Zusammenleben von gleich und gleich, wie es weder im Krieg noch im Frieden zwischen Rom und den Keltiberern, Galliern, Britanniern oder Germanen möglich gewesen wäre. Die Geschichtsschreibung rückte die Kämpfe und allgemein die Politik in den Vordergrund, die der späteste Boden für das Korn der Einheit ist; aber während man auf einer Scholle stritt, trieb man auf hundert anderen mit dem Feinde Handel, tauschte Ideen, Kunstformen und Glaubensartikel. Das Schlachtgetöse war gewissermaßen nur ein Vorhang, hinter dem um so zäher der Webstuhl des Friedens arbeitete, der das Leben der feindlichen Nationen ineinanderwirkte. In jeder neuen Generation wuchs die Gleichartigkeit der Seelen. Oder, um uns genauer und vorsichtiger auszudrücken: Spanier, Deutsche, Engländer, Franzosen sind und bleiben so verschieden, wie man nur will; aber sie haben dieselbe psychische Struktur und sind vor allem auf die gleichen Inhalte bezogen. Religion, Wissenschaft, Recht, Kunst, gesellschaftliche und erotische Werte sind gemeinsame Angelegenheiten. Das sind aber die spirituellen Substanzen, von denen wir leben. Die Gleichartigkeit ist also noch größer, als wenn die Seelen selbst über einen Leisten geschlagen wären.

Machten wir heute eine Bilanz unseres geistigen Besitzes – Theorien und Normen, Wünsche und Vermutungen –, so würde sich herausstellen, daß das meiste davon nicht unserem jeweiligen Vaterland, sondern dem gemeinsamen europäischen Fundus entstammt. In uns allen überwiegt der Europäer bei weitem den Deutschen, Spanier, Franzosen ... Wenn wir uns versuchsweise vorstellen, wir sollten lediglich mit dem leben, was wir als »Nationale« sind, wenn wir etwa den durchschnittlichen Deutschen aller Sitten, Gedanken, Gefühle zu entkleiden probieren, die er von anderen Ländern des Erdteils übernommen hat, werden wir bestürzt sein, wie unmöglich eine solche Existenz schon ist; vier Fünftel unserer inneren Habe sind europäisches Gemeingut.

Was haben wir, die wir in diesem Teil des Planeten leben, Besseres zu tun, als das Versprechen zu erfüllen, das wir der Geschichte seit vier Jahrhunderten mit dem Wort Europa geben? Nur das Vorurteil der alten »Nationen« steht dem entgegen, die Idee der Nation als Vergangenheit. Jetzt wird sich zeigen, ob die Europäer von dem Weibe Lots abstammen und darauf beharren, mit rückwärts gewandtem Kopf Geschichte zu machen. Die Erinnerung an Rom und den antiken Menschen überhaupt hat uns als Mahnung gedient; ein bestimmter Menschentypus versteht sich schwer dazu, die Staatsidee, die er sich einmal in den Kopf setzte, aufzugeben. Zum Glück ist die Idee des Nationalstaates, die der Europäer bewußt oder unbewußt in die Welt gebracht hat, nicht mit jenem Staatsbegriff identisch, der ihm von gelehrten Philologen gepredigt wurde.

Ich fasse nunmehr die Resultate dieser Untersuchung zusammen: Die Welt leidet heute an einer schweren moralischen Krise, die sich unter anderem in der Unbotmäßigkeit der Massen kundtut und ihren Ursprung in der moralischen Krise Europas hat. Die Gründe der letzten sind zahlreich. Einer der wichtigsten ist die Verschiebung der Macht, die unser Kontinent früher über sich selbst und die übrige Welt ausübte. Europa ist im ungewissen, ob es herrscht, und die Welt, ob sie beherrscht wird. Die geschichtliche Souveränität ist auseinandergebrochen. Es gibt keine »Fülle der Zeit« mehr, denn das setzt eine klare, vorherbestimmte, unzweideutige Zukunft voraus, wie das 19. Jahrhundert sie vor sich sah. Damals glaubte man zu wissen, was morgen geschehen würde. Heute öffnet der Horizont sich wieder gegen neue, unbekannte Fernen, denn man weiß nicht, *wer* herrschen, wie sich die Macht auf der Erde verteilen wird. *Wer;* das heißt, welches Volk oder welche Völkergruppe; und damit welcher Rassentypus; und damit welche Ideologie, welches System von Neigungen, Normen, Lebensimpulsen …

Man weiß nicht, nach welchem Kraftzentrum die menschlichen Angelegenheiten in den nächsten Jahren gravitieren werden, und darum ergibt sich die Welt einer schimpflichen Vorläufigkeit. Alles, was heute öffentlich oder privat – bis ins Persönlichste hinein – geschieht, ist mit Ausnahme einiger Teile einiger Wissenschaften provisorisch. Man sollte sich auf nichts verlassen, was heute ausposaunt, zur Schau gestellt, versucht und gepriesen wird. Alles miteinander wird rascher verschwinden, als es kam. Alles, von der Sportmanie (der Manie, nicht dem Sport) bis zur politischen Gewaltaktion, von der »neuen Kunst« bis zu den Sonnenbädern in den lächerlichen Modekurorten. Nichts davon ist verwurzelt; denn es ist alles pure Erfindung im schlechten Sinn des Wortes, der es mit leichtfertiger Laune gleichsetzt. Es quillt nicht als Schöpfung aus dem wesentlichen Grunde des Lebens; es steht kein echter Drang und Zwang dahinter. Mit einem Wort, dies alles ist vital falsch. Wir haben es mit dem widerspruchsvollen Fall eines Lebensstils zu tun, der Echtheit predigt und zugleich eine Fälschung ist. Kein heutiger Politiker ist von der Unabwendbarkeit seiner Politik überzeugt, und je extremer seine Gebärde, um so windiger ist sie, um so weniger vom Schicksal gefordert. Wurzelhaftes, eigenwüchsiges Leben empfindet seine Handlungen als eine unwiderrufliche Notwendigkeit. Was wir nach Belieben tun oder lassen oder anders machen können, das eben ist gefälschtes Leben.

Unser heutiges Dasein ist die Frucht eines Zwischenreiches, einer Lücke zwischen zwei Gestaltungen der historischen Herrschaft, der, die war, und der, die sein wird. Darum ist es seinem Wesen nach unverbindlich. Die Männer wissen nicht, welchen Idealen sie dienen, die Frauen, welchen Typus Mann sie bevorzugen sollen.

Die Europäer können nur leben, wenn sie in eine große gemeinsame Aufgabe hineingestellt sind. Fehlt diese, so werden sie gewöhnlich und schlapp; die Seele geht ihnen aus den Fugen. Einen Anfang davon haben wir jetzt vor Augen. Die Kreise, die man so lange Nationen genannt hat, erreichten vor einem Jahrhundert etwa ihren größten Umfang. Man kann schon nichts mehr mit ihnen tun, es sei denn, sie überschreiten. Sie sind nur noch Vergangenheit, die sich um und unter dem Europäer anhäuft, ihn einengend und belastend. Mit größerer vitaler Freiheit begabt als je, spüren wir alle, daß die Luft in jedem Volk unatembar ist, Gefängnisluft. Die Nationen, die vorher weiter, offener, durchwehter Raum waren, sind nun Provinz geworden, Binnenland.

Alle Welt fühlt die Dringlichkeit neuer Lebensgrundsätze. Aber einige suchen – wie es in ähnlichen Krisen immer geschieht – durch übermäßige und künstliche Steigerung gerade des überlebten Prinzips die Lage zu retten. Dadurch erklären sich die »nationalistischen« Ausbrüche dieser letzten Jahre. Und es ist – ich wiederhole es – immer so gewesen. Die letzte Flamme die höchste; der letzte Seufzer der tiefste. Am Vorabend ihrer Aufhebung werden die Grenzen überempfindlich – die militärischen wie die ökonomischen.

Aber alle diese Nationalismen sind Sackgassen. Man versuche, sie in die Zukunft zu projizieren, und man spürt den Widerstand. Sie führen nirgendwohin. Der Nationalismus ist immer ein Impuls, der den Nationen bildenden Kräften entgegengerichtet ist. Er schließt aus, sie schließen ein. In Zeiten der Befestigung hat er zweifellos seinen Wert und ist ein hohes Ideal. Aber in Europa ist alles überbefestigt und der Nationalismus nur eine Manie, der Vorwand, der sich bietet, um der Verpflichtung zur Erfindung großer neuer Unternehmungen zu entgehen. Die einfältigen Mittel, mit denen er arbeitet, und die Art Leute, die er begeistert, verraten nur allzu deutlich, daß er das Gegenteil einer schöpferischen historischen Bewegung ist.

Einzig der Entschluß, aus den Völkergruppen des Erdteils eine große Nation zu errichten, könnte den Puls Europas wieder befeuern. Unser Kontinent würde den Glauben an sich selbst zurückgewinnen und in natürlicher Folge wieder Großes von sich fordern, sich in Zucht nehmen.

Die Lage ist bedrohlicher, als man meint. Die Jahre vergehen, und es besteht Gefahr, daß sich der Europäer an das herabgestimmte Leben, das er jetzt führt, gewöhnt; daß er sich daran gewöhnt, nicht zu herrschen und sich nicht zu beherrschen. Wenn das geschähe, würden seine Tugenden und Fähigkeiten bald verfliegen.

Aber der Einigung Europas widersetzen sich, wie es bei dem Prozeß der Nationalisierung immer zu geschehen pflegt, die konservativen Klassen. Das kann für sie die Katastrophe herbeiführen; denn der generellen Gefahr, daß Europa endgültig seine sittliche Kraft und seine historischen Energien verliert, gesellt sich eine andere nicht weniger greifbare und drohende. Als in Rußland der Kommunismus siegte, glaubten viele, die rote Flut werde ganz Europa überschwemmen. Ich war nicht der Meinung. Im Gegenteil; ich schrieb in jenen Jahren, daß für den Europäer, die menschliche Spielart, die alle Mühe und Inbrunst ihrer Geschichte auf die Karte der Persönlichkeit gesetzt hat, der russische Kommunismus nicht assimilierbar sei. Die Zeit verging, und heute haben die Besorgten von damals ihre Ruhe wiedergewonnen, genau in dem Augenblick, in dem es angebracht wäre, sie zu verlieren. Denn jetzt könnte sich allerdings der Kommunismus in unwiderstehlichem Triumph über Europa ergießen.

Ich halte dafür, daß der Inhalt des kommunistischen Credos auf russische Art heute wie früher den Europäer nicht interessiert, nicht anzieht und keine für ihn wünschenswerte Zukunft entwirft. Und das nicht nur aus den seichten Gründen, die seine Apostel, halsstarrig, taub und verlogen wie alle Apostel, herzuzählen pflegen. Der abendländische »Bürger« weiß sehr gut, daß die Tage des Menschen, der nur von seinen Renten lebt und sie seinen Söhnen vermacht, auch ohne den Kommunismus gezählt sind. Nicht das feit Europa gegen den russischen Glauben, und noch viel weniger die Angst. Die willkürlichen Voraussetzungen, auf die vor dreißig Jahren Sorel seine »Taktik der starken Hand« gründete, kommen uns heute lächerlich vor. Der Bürger ist nicht feige, wie Sorel glaubte; er ist im Gegenteil momentan angriffslustiger als der Arbeiter. Niemand ist darüber im Zweifel, daß in Rußland der Bolschewismus triumphierte, weil es in Rußland keinen Bürgerstand gab.[1] Der Faschismus, der eine kleinbürgerliche Bewegung ist, hat sich gewalttätiger benommen als der ganze Sozialismus. Nichts dieser Art hindert den Europäer, sich dem Kommunismus zu verschreiben, sondern ein einfacherer und ursprünglicherer Grund: daß er in der kommunistischen Organisation keinen Vorteil für die menschliche Glückseligkeit erblickt.

Und dennoch, ich wiederhole es, erscheint es mir außerordentlich möglich, daß sich Europa in den nächsten Jahren für den Bolschewismus begeistert – nicht wegen, sondern trotz seiner.

Man stelle sich vor, der Fünfjahrplan, den die Sowjetregierung herkulisch betreibt, erzielte, was man sich von ihm verspricht, und die ungeheure russische Wirtschaft erholte sich nicht nur, sondern blühte auf. Sei der Inhalt des Bolschewismus wie immer, er stellt jedenfalls ein kolossales menschliches Unterfangen dar. Die Menschen haben in ihm entschlossen ei-

---

1 Dieses sollte genügen, damit man sich ein für allemal davon überzeugt, daß der Marxistische Sozialismus und der Bolschewismus so gut wie nichts miteinander gemein haben.

nen Reformplan in Angriff genommen und leben straff unter der hohen Zucht, die sie für ihren Glauben auf sich nehmen. Wenn die Welt-Wirklichkeit, die von Menschenbegeisterungen Unbeeinflußbare, den Versuch nicht völlig scheitern läßt, wenn sie ihm den Weg nur ein wenig freigibt, muß er rein in seiner Eigenschaft als großartige Unternehmung über der kontinentalen Menschheit aufgehen wie ein flammendes neues Gestirn. Verharrt indessen Europa in der brütenden Erniedrigung der letzten Jahre, die Nerven schlaff aus Mangel an Disziplin, ohne neue Lebenspläne, wie sollte es der Ansteckung durch ein so stolzes Beginnen entgehen können? Man kennt den Europäer schlecht, wenn man hofft, er werde, zumal wenn er kein anderes Banner von gleicher Hochgemutheit zu entfalten hat, einen solchen Anruf zu neuer Tat anhören und nicht entbrennen. Unter der Bedingung, daß er dafür einer dem Leben Sinn gebenden Idee dienen und der eigenen Schicksalsleere entfliehen kann, wird er sich unschwer bereit finden, seine Einwände gegen den Kommunismus hinunterzuschlucken, und sich, wenn nicht durch seinen Inhalt, so durch seine moralische Geste hinreißen lassen.

Ich sehe in der Schöpfung des europäischen Nationalstaates die einzige Aufgabe, die sich einem Sieg des Fünfjahresplans entgegenstellen könnte.

Politiker und Nationalökonomen versichern, daß dieser Sieg nach ihrer Einsicht wenig Wahrscheinlichkeit hat. Aber es wäre allzu schmählich, wenn der Antikommunismus sein ganzes Heil von den materiellen Schwierigkeiten seiner Gegner erhoffen wollte. Der Schiffbruch des Kommunismus wäre dann gleichbedeutend mit dem völligen Zusammenbruch des gegenwärtigen Menschen. Der Kommunismus ist eine moralische Ausschweifung – nichts weniger als eine Moral. Wäre es nicht ehrenhafter und fruchtbarer, dieser slawischen Moral eine neue abendländische, den Ansporn eines neuen Lebensprogramms, entgegenzustellen?

XV
Die Untersuchung mündet in das eigentliche Problem

DIES IST DAS Problem: Europa glaubt an keine sittlichen Normen mehr. Nicht daß der Massenmensch eine veraltete Moral zugunsten einer emportauchenden verachtet; im Zentrum seiner Lebensführung steht gerade der Anspruch, ohne moralische Bindungen zu leben. Glaubt der Jugend kein Wort, wenn ihr sie von der neuen Moral reden hört! Ich leugne rundweg, daß heute in irgendeinem Winkel des Erdteils eine Gruppe existiert, die ihr Gesetz von einem neuen Ethos empfinge. Wenn man von der neuen Moral spricht, begeht man eine Unmoral mehr, indem man auf die billigste Weise eine Moral einzuschmuggeln sucht.[1]

Es wäre darum eine Naivität, dem heutigen Menschen seinen Mangel an Moral vorhalten zu wollen. Die Beschuldigung ließe ihn kalt oder schmeichelte ihm eher. Unsittlichkeit steht äußerst niedrig im Preis, und jeder beliebige prunkt damit.

---

1 Ich weiß nicht, ob es, in der Welt verteilt, zwei Dutzend Menschen gibt, die keimen sehen, was in der Tat eines Tages eine neue Moral werden kann. Aber sie sind gerade darum am wenigsten repräsentativ für die jetzige Zeit.

Läßt man – wie es hier geschehen ist – alle Gruppen beiseite, die Überbleibsel aus der Vergangenheit sind – Christen, »Idealisten«, die alten Liberalen usw. –, so wird man unter allen denen, die wahrhaftig in dieses Jahrhundert gehören, keinen einzigen finden, dessen Haltung zum Leben sich nicht dahin zusammenfassen ließe, daß er jedes Recht und keine Pflicht zu haben glaubt. Gleichgültig, ob er als Reaktionär oder Revolutionär maskiert ist, nach einigem Hin und Her wird er mit Entschiedenheit jede Verpflichtung ablehnen und sich, ohne daß er selbst den Grund dafür ahnte, als Träger unbeschränkter Rechte fühlen.

Jeder Stoff, der an eine so beschaffene Seele kommt, muß zu demselben Ergebnis führen: sie wird daraus einen Vorwand machen, der ihr die Anerkennung höherer Instanzen erspart. Wer sich reaktionär und fortschrittsfeindlich gebärdet, tut es, um behaupten zu können, daß die Rettung von Staat und Volk ihm das Recht verleiht, alle anderen Gebote zu übertreten und den Mitmenschen zu zermalmen, besonders wenn er eine Persönlichkeit von Format ist. Und dasselbe gilt für den Revolutionär. Seine scheinbare Begeisterung für den Handarbeiter und die soziale Gerechtigkeit dient ihm als Maske, um sich dahinter jeder Pflicht – wie Höflichkeit, Wahrhaftigkeit, vor allem Achtung und Bewunderung für überlegene Menschen – zu entziehen. Ich weiß von manchem, der in eine oder die andere Arbeiterpartei eintrat, einzig weil er so vor sich selbst das Recht erwarb, geistige Werte zu verachten und ihnen die schuldige Ehrerbietung zu verweigern. Was die übrigen Diktaturen angeht, so sahen wir schon, wie sie dem Massenmenschen schmeicheln, indem sie alles Hervorragende mit Füßen treten.

Diese Flucht vor jeder Verpflichtung erklärt die halb komische, halb empörende Erscheinung, daß dies Jahrhundert – als einen seiner absonderlichsten Züge – eine Plattform der Jugend als solcher hervorgebracht hat. Die Leute erklären sich lächerlicherweise für jung, weil sie gehört haben, daß die Jugend mehr Rechte als Pflichten besitzt; denn sie kann ja die Erfüllung ihrer Pflichten bis zu den griechischen Kalenden ihrer Reife vertagen. Von der Verpflichtung, *Taten zu tun oder getan zu haben,* fühlte der Jüngling sich immer entbunden; er lebte immer auf Kredit. Das liegt in der menschlichen Natur. Es war gleichsam ein falsches, halb ironisches, halb zärtliches Recht, das die Nicht-mehr-Jungen den Jungen einräumten. Aber es ist verblüffend, wenn nun diese es im Ernst beanspruchen, um sich daraufhin alle Rechte zu nehmen, die nur dem gebühren, der schon etwas vollbracht hat.

Es scheint unglaublich, aber es ist dahin gekommen, daß man das Jungsein zu Erpressungen benutzt. Dies ist in der Tat ein Zeitalter der universellen Erpressung, die sich zweier einander ergänzender Mittel bedient: es gibt eine Erpressung durch Gewalt und eine Erpressung vermöge des Nichts-ernst-Nehmens. Eines wie das andere geht auf das gleiche Ziel: daß der Inferiore, der gewöhnliche Mensch, sich von dem Zwang jeder Unterordnung befreit fühlen kann.

Darum kann man die gegenwärtige Krisis nicht wohl adeln, indem man sie als Kampf zwischen zwei sittlichen Welten oder Kulturen, einer morschen und einer morgenrötlichen, darstellt. Dem Massenmenschen geht Sittlichkeit schlechtweg ab; denn Sittlichkeit ist wesentlich ein Erlebnis der Unterordnung, Dienst- und Pflichtbewußtsein. Aber vielleicht ist es ein Irrtum, wenn wir sagen »schlechtweg«. Denn es handelt sich nicht allein darum, daß diese Art Wesen sich der Moral entschlagen. O nein, wir wollen es ihnen nicht so leicht machen. Sich der Moral schlechthin zu entschlagen, ist unmöglich. Was man mit einem selbst grammatisch verkehrten Wort *Amoral* nennt, ist ein Ding, das es nicht gibt. Wenn sie keine Norm anerkennen wollen, müssen sie, nolens volens, zu dieser Norm stehen, daß sie jede Moral leugnen; und das ist nicht *Amoral,* sondern *Unmoral.* Es ist eine negative Moral, die von der echten die Leerform bewahrt.

Wie konnte man an die Amoralität des Lebens glauben? Zweifellos weil die ganze moderne Kultur und Zivilisation zu dieser Überzeugung hinführen. Jetzt erntet Europa die schmerzlichen Folgen seines geistigen Verhaltens. Es hat sich vorbehaltlos einer glänzenden, aber wurzellosen Kultur verschrieben.

Auf den vorliegenden Seiten sollte ein bestimmter Typus des europäischen Menschen geschildert werden, vor allem vermittels seines Benehmens gegenüber der Zivilisation selbst, in der er geboren wurde. Es war geboten, so vorzugehen, denn dieser Mensch repräsentiert keine neue Zivilisation, die mit der alten im Kampf liegt, sondern eine bloße Verneinung. Darum durfte ihr Psychogramm nicht mit der großen Frage nach den fundamentalen Unzulänglichkeiten der modernen europäischen Kultur vermengt werden. Denn es ist klar, daß sie es sind, die letzten Endes die Verantwortung für die heute herrschende Menschenform tragen.

Aber jene große Frage muß diesen Seiten fern bleiben; sie ist allzu groß. Sie würde uns dazu zwingen, in ihrer ganzen Fülle die Theorie des menschlichen Lebens zu entrollen, die hier wie eine Begleitung eingewebt und angedeutet mitmurmelt. Vielleicht, daß sie bald ein Schrei wird.

Nachwort *von Michael Stürmer*

José Ortega y Gasset ist ein Klassiker des europäischen Denkens im 20. Jahrhundert geworden, und es erging seinen Schriften wie den meisten in den Stand der Klassizität erhobenen Äußerungen des Geistes: viel zitiert, werden sie wenig gelesen. Ihr Feuer scheint erloschen, ihre Botschaft eine Sache der Vergangenheit und nicht der Zukunft. Bedarf die Neuausgabe eines Klassikers der Rechtfertigung? Oder ist dieses schon Widerspruch in sich, so daß entweder die Rechtfertigung überflüssig ist oder der Klassiker kein Klassiker mehr?

Am wenigsten bedarf Ortega y Gasset einer Entschuldigung für das, was er vor einem halben Jahrhundert schrieb. Und es bedarf auch keiner Rechtfertigung, daß seine Schrift, die in wenigen Jahren in zehn Sprachen übersetzt wurde, unzählige Auflagen erlebte und die europäische bürgerliche Intelligenz der dreißiger Jahre ebenso bewegte wie die der fünfziger Jahre, heute wieder erscheint. Keine Rechtfertigung ist mithin auf den folgenden Seiten gemeint – und wen sollte sie erreichen außer jenen, die ohnehin mit dem Namen des spanischen Denkers etwas verbinden? Vielmehr geht es um die drei Fragen, welche der große Essay *La rebelión de las masas* der Gegenwart stellt:

1. Wer war Ortega y Gasset, und wie steht sein Werk in seiner Zeit?
2. Was war die Herausforderung des Buches, worauf beruhte sie, und wie hat man sie verstanden?
3. Was vermag das Buch uns heute mitzuteilen außer der geschichtlichen Tatsache, daß es einmal den Nerv zweier Epochen traf, vor und nach dem Zweiten Weltkrieg – und daß wir den Wirkungen und Widersprüchen jener Zeiten uns nicht entziehen können, und dies am wenigsten im geteilten Deutschland.

Die Zeit und das Werk

José Ortega y Gasset (letzterer der Mädchenname der Mutter) wurde am 9. Mai 1883 in Madrid geboren. Es war das Jahr, da Karl Marx und Richard Wagner starben. »Ich wurde auf einer Rotationsmaschine geboren«, sagte er später von sich selbst und meinte damit die Zugehörigkeit zu einer Familie, die mit der führenden hauptstädtischen Tageszeitung »Imparcial« durch Gründung und Besitz verbunden war. Auch von seiten der Mutter kamen Politik und Publizistik in die Familie. Erzogen indes wurde der junge Mann keineswegs von Freigeistern, sondern von Jesuiten, was ihm einerseits die strenge Denkschulung vermittelte, andererseits sein Denken fast unwiderstehlich in Richtung des liberalen, säkularisierten Widerspruchs lenkte. Mit 15 Jahren begegnete er dem großen Denker der spanischen Melancholie, Miguel de Unamuno, und daraus entstanden später Freundschaft, Auseinandersetzung, fruchtbarer Widerspruch.

Der junge Mann widmete sich sprachlich-historischen Studien, lernte die deutsche Sprache, las Kant. Seine Dissertation von 1904 – er hatte gerade das 21. Lebensjahr vollendet – wandte sich, wiewohl in historischer Verkleidung, den letzten Dingen zu: »Die Schrecken des Jahres 1000«. Es ging um die Weltuntergangsprophetien am Ende des ersten Millenniums und ihre katastrophenhaften Auswirkungen auf Denken, Moral und Politik. Danach begab er sich nach Deutschland. Später erinnert er sich an die Beweggründe: Er habe etwas Lebendiges, Fleischliches heimholen wollen in eine spanische Schloßruine. »Ich habe gründlich, rasend, rückhalt- und hemmungslos studiert, drei Jahre bin ich eine rein kelt-iberische Flamme gewesen, die im deutschen Universitätsleben vor Begeisterung brannte.« Leipzig und dann vor allem Marburg, Zentrum der Neu-Kantianer, waren die Orte, deren geistiges Leben ihn prägte. Aber er suchte nicht die Zeugnisse der Geschichte. Ihn faszinierte der Blick durch das deutsche Fenster auf die Zukunft der europäischen Zivilisation. Er wollte »den spanischen Geist durch den Sturzbach des germanischen Geistes« in Aktion setzen.

Technik, Wirtschaft und Wissenschaft Deutschlands hatten damals binnen dreier Generationen einen Führungsanspruch erworben, welcher die deutschen Universitäten und Technischen Hochschulen zum Maßstab zivilisatorischer Leistung machte. 1909 sollte die Kaiser-Wilhelm-Gesellschaft – heute Max-Planck-Gesellschaft – entstehen und diesen Vorsprung noch ausbauen. Das ruhelose Reich der Deutschen, das sich selbst so unbekannt war, wurde für den jungen Spanier zum Inbegriff der Modernität, ja der Dissonanzen des Fortschritts. Altes und Neues, preußischer Adel und moderne Technokratie, die Spitzweg-Szenen in Marburg und die Stahlschmieden in Essen, die »machtgeschützte Innerlichkeit« (Thomas Mann) der bürgerlichen Kultur und die nervöse Suche nach dem »Platz an der Sonne« (Reichskanzler v. Bülow), Jugendbewegung und Weltpolitik – wie sollte sich das alles zusammenreimen? Deutschland erschien dem jungen Philosophen als Werkstatt der Modernität, und vielleicht war es diese vitale Faszination, die seinem Werk von Anbeginn bei der Mehrzahl deutscher Philosophen das Unverständnis sicherte. Bei der Mehrzahl der

Leser aus der Bildungsschicht indes brachte es verwandte Saiten zum Klingen.

Aus Deutschland nahm Ortega die Idee mit, für eine »geistig tote Rasse« – er meinte die Bewohner der Iberischen Halbinsel – bestehe das »Problem Spanien« in der Erziehungsfrage. So wurde er, weil und obwohl jugendlicher Sozialist, Mitglied des Lehrkörpers an einem Seminar für Lehrerbildung. 1910 allerdings gewann er schon den Lehrstuhl für Metaphysik an der Universität Madrid, der bald durch ihn zu einem geistigen Zentrum des Landes werden sollte. Er hatte es sich in den Kopf gesetzt, Spanien durch seine »salvaciones« den Weg zu weisen und das von Europa seit drei Jahrhunderten abgewandte Land zurückzuführen in die Dynamik des Kontinents, dessen Schöpferkraft Ortega bewunderte und dessen Zerstörungskraft er vorerst ignorierte.

Nach einem weiteren Deutschlandaufenthalt, dem dritten, hat Ortega 25 Jahre lang als Hochschullehrer und Publizist gewirkt und Spaniens geistige Elite geformt: Die Stichworte, die er in das Land warf, waren das Gewissen der Nation, politische Moral und politische Verantwortung. Nation, Modernität, Liberalität waren die Ziele, die er fortan suchte. Dem alten Spanien begegnete er mit scharfer und prinzipieller Kritik, um so tiefer und unbarmherziger, als sie nicht an den Erscheinungen der Politik haftenblieb, sondern an ihren philosophischen und moralischen Prämissen ansetzte. Jene Öffnung Spaniens zum europäischen Kontinent, die damals begann, wurde 1936 durch den Bürgerkrieg und seine Folgen unterbrochen, ja für lange Zeit revidiert. Aber der Blick des heutigen nach-francistischen Spanien auf Europa kommt auch aus dem geistigen Erbe Ortega y Gassets.

Seine Arbeit war, wie er schrieb, »unaufhörliches Ringen gegen den Utopismus« – den spanischen des Don Quijote wie den europäischen der großen totalitären Bewegungen, welche der Erste Weltkrieg entfesseln sollte aus ältesten Machtkämpfen wie aus den neuesten. Als Summe der Erfahrungen eines teilnehmenden Beobachters, der den Weltkrieg sich entwickeln sieht zum Weltbürgerkrieg und dem alle Friedensschlüsse und Staatsgründungen von 1918/19 nur als vorläufiger Zwischenhalt in einem langen Sturz erscheinen, veröffentlicht er 1930 das Buch, das ihn weit über esoterische Kreise hinaus berühmt und gelesen machen sollte: »Der Aufstand der Massen«.

Als Chef des »Freien Frankreichs« hat General de Gaulle 1944 von den dreißig Jahren Krieg gesprochen, die Europa zu erdulden hatte. Sein Berater von damals, Raymond Aron, hat daraus das düstere und traurige Wort geprägt vom neuen Dreißigjährigen Krieg des 20. Jahrhunderts. Ortegas Buch von 1930 ist eine Diagnose, die sich da einfügt: Es ist Beschreibung einer tiefen Unruhe der gesellschaftlichen Körper, prinzipieller Ratlosigkeit und der Suche nach Sinn und Stabilität, auf welche die Friedensordnungen von 1919 so wenig eine Antwort bereithielten wie die mit ihnen verbundenen Verfassungsordnungen Nachkriegs-Europas. Alles ist in Bewegung, und man kennt das Ziel so wenig wie das Ende. Denn die philosophischen Grundlagen sind mit den sozialen Gefügen ins Zittern und ins Beben geraten. In seinem Heidelberger Hörsaal sagte Karl Jaspers 1931 – »Die geistige Situation der Zeit« – in diesem Sinne:

> »Seit mehr als einem Jahrhundert ist immer dringender nach der Situation der Zeit gefragt worden; jede Generation hat die Frage für ihren Augenblick beantwortet. War es aber früher ein Nachdenken weniger Menschen, die die Bedrohung unserer geistigen Welt fühlten, so steht seit dem Kriege fast jedermann in diesen Fragen. Das Thema ist nicht nur unerschöpflich, sondern auch un-

fixierbar, weil es sich mit seinem Gedachtwerden schon verwandelt. Geschichtlich vergangene Situationen kann man wohl als vollendete betrachten, die ihr Ergebnis gezeitigt haben und nun nicht mehr sind; die eigene hat das Erregende, daß ihr Denken noch bestimmt, was aus ihr wird. Jeder weiß, daß der Weltzustand, in dem wir leben, nicht endgültig ist.«

Aus der Mitte des europäischen Kontinents diagnostizierte Jaspers die Verwerfungen der Zeit: jene, die geschehen waren, und jene, die noch folgen würden. Er tat es mit dem kalten Blick des Klinikers auf den Fall, der sich ihm darbot. Ortega y Gasset stellte sich zur selben Zeit ähnliche Fragen, weniger systematisch und dafür lebensnäher, weniger verschlüsselt und daher mit mehr Wirkung. Aber er tat es nicht aus der Mitte der Krise, in Deutschland, sondern an der Peripherie Europas, von Spanien aus im Blick auf die Mitte. Er war nicht »homme revolté« – aber die Lage war »situation revoltée«, und so sah er sie. Wie Dr. Johnson einmal sagte, daß nichts den Geist so schärfe wie die Vorstellung, in 14 Tagen gehängt zu werden, so beförderte es am Ende der zwanziger Jahre die Schärfe des Nachdenkens, daß die spanische Gesellschaft sklerotisiert erschien, die Diktatur nur noch ein lebloser Körper und daß Ortega y Gasset selbst 1931 im geistigen Zentrum des Neuen stehen wird, geistiger Geburtshelfer der zu Bürgerkrieg und Untergang verdammten Republik. »Vom sichern Port läßt sich gemächlich raten« – schreibt Schiller spottend. Aber Spanien 1930 ist längst kein sicherer Hafen mehr: Das Land wartet am Rand des Strudels, bald von ihm mitgerissen in den Mahlstrom der dreißiger Jahre.

In dieser Lage, bröckelnde Peripherie, formuliert Ortega y Gasset seine Reihe von Essays, die im »Aufstand der Massen« den plakativen Titel, die Stoßrichtung und die Botschaft finden. Nirgendwo stärker als in diesen Essays war Ortega, wie er sich später einmal beschrieb, der »Philosoph auf dem Marktplatz«. Schwerlich war dieser lange Essay die Summe seines Denkens, gewiß aber ein Hauptwerk europäischer Selbstkritik im Augenblick des Innehaltens, bevor Japan in die Mandschurei einfiel, die deutsche Republik der totalitären Versuchung verfiel, die USA im New Deal einen neuen Modus von Staat und Gesellschaft suchten, die spanische Republik im Bürgerkrieg verblutete. Die Weltwirtschaftskrise war seit 1929 dabei, Staatensystem und Industriegesellschaft zu unterspülen. Aber die Experten hofften noch, sie sei nur eine Rezession. Die Krise war Stunde der Wahrheit, aber es gab noch lange eine Neigung, dies zu leugnen. In solcher Lage war Ortegas Buch beides, psychologische und sozialkritische Analyse der Gegenwart und Appell für die europäische Integration der Zukunft. Beides stimmte zueinander, denn es war klar: Die Europäer würden, jeder für sich, einen furchtbaren Preis zahlen oder gemeinsam Herr ihres Schicksals werden. Nicht Inter-Nation sollte nach Ortega dieses Europa der Zukunft sein, sondern Ultra-Nation, die Vernunft und Seele anzusprechen wissen würde. Die Schwächen des Buches sind nicht schwer zu entdecken. Der Zentralbegriff der Massen schwankt in seiner Bedeutung vom Soziologischen ins Psychologische und weiter ins Normativ-Kritische und dann wieder zurück. Ähnlich ergeht es dem Gegenbegriff der Eliten, der zwischen Normativität und Empirie keinen festen Boden findet. Die Linke, die das Buch adaptierte, ignorierte Ortegas puritanische und hierarchische Grundhaltung, die mit Marx und Freud nicht viel anzufangen wußte, und ebenso seine Kritik an Kulturverfall und Verlust des Ausleseprinzips. Die Rechte dagegen fand in den Bemerkungen, die da, durchaus von oben herab, gemacht wurden über die Beliebigkeiten des Liberalismus, über die Demokratie im Zeitalter der allgemeinen Erpressung, über die Unregierbarkeit der Massengesellschaft, manche nutzbare Affinität. Ortega verwahrte sich mehrfach gegen solche Besitzergreifung von außen, und er wandte sich gegen die darin liegende Instrumentalisierung seines Denkens.

»Ich lehne darum jede Interpretation unserer Zeit, die den positiven Sinn hinter der Herrschaft der Massen übersieht, genauso ab wie alle jene Deutungen, welche diese Herrschaft friedlich und unbesorgt ohne einen Schauder des Entsetzens hinnehmen. Jedes Schicksal ist in seinem tiefsten Grund spannungs- und leidvoll.«

Ortega war alteuropäischer Bildungsmensch, wurzelnd in jener Liberalität aufklärerischer Prägung, der der Erste Weltkrieg auf lange Zeit, und vielleicht für immer, die Grundlagen entzogen hat. Die »phraseologische Kultur«, die »Herrschaft des Schaufensters« erschienen ihm als Charakterzüge der zwanziger Jahre, und in der Tat war dies die Zeit, da Propaganda und Demagogie im Politischen ihre Triumphe vorbereiteten, im Kommerziellen aber Werbung und Public Relations professionalisiert wurden. Ein expressionistisch-schriller Grundzug war schon in den Stimmungen und Lagen der Vorkriegsepoche enthalten gewesen. Aber der Krieg brachte ihn zu greller und scharfer Wirksamkeit. Ortega begriff, daß dies mit Amerika, dem Dollar und dem Jazz der zwanziger Jahre nur eine Schauseite gemeinsam hatte. Er leistete sich nie die Torheiten des frühen Anti-Amerikanismus, welche in den zwanziger Jahren Rechte und Linke vereinten. Ortega blieb bei der Analyse der europäischen Fermentation in Europa und verwechselte nicht amerikanische Etiketten und europäischen Inhalt.

Seine Kritik am Europa des Massenzeitalters kam nicht aus Ablehnung Amerikas, sondern aus dem Leiden an jener europäischen Zivilisation, die ihre Bestimmung verfehlte und dabei war – Ortega ahnte es, ohne es schon aussprechen zu können –, sich in den letzten und äußersten Bürgerkrieg ihrer langen Geschichte zu stürzen.

Kulturkritik und Zeitdiagnose verbanden sich in einer Weise, in der offenbar viele Leser ihre eigenen Gefühle und Ahnungen wiedererkannten und auf den Begriff gebracht sahen. Wie wären sonst Erfolg und Wirkung des Buches zu erklären?

Die These wird, alle Parteinahme aufschiebend, aufgestellt in den kalten Sätzen:

> »1. Die Lebensmöglichkeiten, die heute den Massen offenstehen, decken sich zum großen Teil mit denen, die früher ausschließlich den Wenigen vorbehalten schienen.
> 2. Gleichzeitig lassen sich die Massen von den Eliten nicht mehr führen, sie verweigern ihnen Gehorsam, Gefolgschaft, Respekt, sie tun sie ab und nehmen selbst ihren Platz ein.«

Die Herrschaft der Massen nennt Ortega, das Wort ist Maßstab genug, »brutal«. Das will beides sagen: roh und grob wie auch ahnungslos und hilflos. Dagegen stellt Ortega seine Überzeugung, mit der Attitüde eines Don Quijote formuliert, *»daß die menschliche Gesellschaft, ob sie will oder nicht, durch ihr Wesen selbst aristokratisch ist* – man achte auf den Indikativ des Autors –, *und das so unentrinnbar, daß sie genausosehr Gesellschaft ist, wie sie aristokratisch ist«.*

Spricht da ein Reaktionär, der das Mißverständnis nutzt, er sei ein Liberaler alten Stils? Oder spricht da ein Mann, der die Gefahr der ungegliederten Massengesellschaft begreift, ihre totalitären Versuchungen ahnt, die sowjetische Antwort zur Kenntnis nimmt und die faschistischen und nationalsozialistischen Antworten fürchtet? Man soll nicht vorschnell urteilen, sondern den philosophischen und zeitgeschichtlichen Kontext und seine Abgründe zur Kenntnis nehmen: die Demokratie war in den Prozeß ihrer Selbstzerstörung eingetreten, nirgendwo stärker als in dem von Ortega als Schmelztiegel der Modernität geschätzten Deutschland, und ahnungsweise auch schon in seinem spanischen Vaterland. Die Massenhaftigkeit der Existenz war ihm nicht Sicherung der liberalen Demokratie, die er wollte, sondern Voraussetzung der totalitären Herrschaft, die er fürchtete und mit allen Kräften bekämpfte.

Ortega war mit seiner Kritik der Massengesellschaft und ihrer Kultur nicht Anti-Demokrat. Es ist notwendig, gegen solche Mißverständnisse seiner rechten Leser wie seiner linken Verächter Text und Kontext anzuführen. Er war ein Spanier, der die liberale Republik wollte und dafür kämpfte und zugleich ihre Stabilität von innen zu sichern suchte. Denn was war eine liberale Republik, die nur auf dem Papier stand und zwischen kommunistischen Kadern und reaktionären Militärs zur Beute ihrer Feinde werden mußte?

Gleichwohl, manches bleibt schwierig und klingt mißverständlich, zumal für deutsche Leser. Die Idee der Aristokratie, die Ortega so liebte, hat nicht für ihn, aber für die Betrachter der Weimarer Agonie etwas von Herrenclub an sich und Zähmungskonzept und all jenen törichten und tödlichen Illusionen, mit denen das konservative Deutschland zwischen Weimarer Nationaltheater 1919 und Potsdamer Garnisonkirche 1933 sich zu retten suchte. Und doch wäre dies ein grobes Mißverständnis und fatal dazu. Denn Ortega wollte beides verbinden: Emanzipation der Massen und ihre Einbindung in die Republik durch Freiheit und Verantwortung. Man muß seine Schriften lesen mit den Augen eines bürgerlichen Europäers am Ende der bürgerlichen Epoche, welcher Unausweichlichkeit und Chance der Massendemokratie begreift und auch ihre Gefahren identifiziert – und dabei alle ideologischen Selbstberuhigungen und politischen Placebos verweigert. Die Zeit, 1930, war nicht danach: es roch nach Blut und Eisen, und dies vor allem in Spanien und Deutschland, den geographischen und moralischen Bezugspunkten der Existenz des Autors.

Aufstand, Herrschaft und Triumph der Massen sah er mit ihrem Pro und Contra: eine Hebung des »gesamten historischen Niveaus« erschien ihm notwendig und richtig. Das Wachstum des Lebens – er meinte die Entgrenzung aller Horizonte – schien ihm die Kultur eher zu bereichern als zu verflachen. Doch beklagte er auch, wie Salz sind solche Zweifel eingestreut in diese angestrengt optimistischen Kapitel, die Abdankung der Eliten: »Das ist die Fahnenflucht der Eliten, die immer die Kehrseite zum Aufstand der Massen darstellt.«

Nach den positiven Aspekten des Massenzeitalters, die Ortega eher pflichtmäßig abhandelt, wendet er sich der »anderen, gefährlichen Seite« zu. Für ihn war Leben niemals Diktat der Umstände, sondern immerwährend Herausforderung: »Im Gegenteil, die Umstände sind der immer neue Kreuzweg, an dem wir uns zu entscheiden haben. Und der entscheidet, ist unser Charakter.« Aber was geschieht statt dessen? Man lebt, wie Ortega an den Mittelmeerländern zu zeigen suchte, in den Tag hinein. Strategisches Denken, politische Führung, grand dessein – das scheint mit dem Triumph der Massen unvereinbar. Aber erforderte nicht gerade die Gefahr der Lage ebendiese Fähigkeiten? Der Massenmensch, dessen Typus Ortega entwickelt – noch vor dem wirklichen Triumph des Radios und ohne Ahnung des Fernsehens –, erfüllt ihn mit düsteren Ahnungen. Er zitiert, weil er die Radikalität der eigenen Aussage disziplinieren und überprüfen will und sich selbst zu distanzieren sucht, den deutschen Philosophen Hegel (»Die Massen rücken vor«), den französischen Soziologen Auguste Comte (»ohne eine neue geistige Macht wird unser Zeitalter, das ein Zeitalter des Umsturzes ist, einer Katastrophe zutreiben«) und endlich Friedrich Nietzsche (»Ich sehe die Flut des Nihilismus steigen«).

Das Psychogramm des Massenmenschen – es bleibt definiert nicht durch dessen Zahl, sondern durch dessen Trägheit – beschreibt Ortega y Gasset in zwei Begriffen:

> »Die ungehemmte Ausdehnung seiner Lebenswünsche und darum seiner Person; und die grundsätzliche Undankbarkeit gegen alles, was ein reibungsloses Dasein ermöglicht hat.«

Er ahnte die Dynamik des Zusammenhangs von Massengesellschaft und Gewalt, und sie ließ ihn schaudern. Er hatte Sorel gelesen und Mosca – die in unserer Zeit der Franzose Moskovici wiederentdeckte –, und er fürchtete die gewalttätige Kraft, die ihrer Entfesselung harrte. Er ahnte die geheime Affinität von Primitivismus und Technik, welche in jenen Jahren niemand stärker sich zunutze machte als Hitler: Der predigte den atavistischen Gefühlen und bediente sich zu ihrer Beherrschung aller Fazilitäten der Technik. Ortega sah unterdessen, sicheren Urteils, den Primitivismus der Technik mit dem Primitivismus der Geschichte zusammen, als ahne er, was in Deutschland sich zusammenbraute. Er schrieb im Blick auf Europa Sätze, die den Zeitgenossen unheimlich anmuten mußten, uns aber sehr hellsichtig erscheinen:

> »Jetzt handelt es sich um ein Vorhutgeplänkel, weiter nichts; der Hauptangriff wird bald, vielleicht sehr bald und in wesentlich anderer Form erfolgen. Der Hauptangriff muß so erfolgen, daß der Massenmensch nicht auf ihn gefaßt ist, daß er ihn vor sich sieht und nicht weiß, daß eben dies der Hauptangriff ist.«

Wo aber sollten die Gegengewichte liegen. In den zufriedenen jungen Herren, über die er spottete, oder in der ahnungslosen Schickeria? Im neuen Jugendkult, den niemand so schonungslos und höhnisch analysierte wie der damals bald fünfzigjährige Ortega? Oder in der Barbarei des Spezialistentums, jeder für sich, und der Teufel hole den letzten?

Die größte Gefahr sah Ortega im Staat. Nicht als Ordnungsmacht, sondern als Apparat und Instrument. Ortega nannte den Staat eine »Technik der öffentlichen Angelegenheiten und der Verwaltung«. Das war sehr mittelmeerisch gedacht und damit sehr nüchtern und fern von den hegelschen Illusionen der gebildeten Deutschen, die meinten, der Staat als sittliches Ganzes könne und werde die totalitären Bewegungen zähmen. Ortega wußte: Es würde alles ganz anders enden, der Staat Beute der Menschenfresser und ihr schärfstes Instrument. Immer wieder formuliert er seine Thesen, wie Leitmotiv und Refrain, und so auch dort, wo er nach dem Sitz der Herrschaft fragte:

> »Die europäische Zivilisation – ich wiederhole es immer wieder – hat zwangsläufig zum Aufstand der Massen geführt. Der Aufstand der Massen hat eine außerordentlich erfreuliche Seite; er ist identisch mit der beispiellosen Steigerung, die das Leben in unseren Tagen erfahren hat. Aber seine Kehrseite ist beängstigend; sie zeigt, daß dieselbe Erscheinung identisch ist mit der sittlichen Entartung der Menschheit.«

Ortega spricht von Demoralisierung. Mit der Macht sieht er die öffentliche Meinung schwanken, und er leitet daraus das Plädoyer ab für den Parlamentarismus. Nicht einmal in utopischen Umrissen deuteten sich, so schreibt er warnend und abwehrend, Staatsformen an, »die wenigstens theoretisch besser schienen«. Es gebe zwar stichhaltige Einwände gegen die Arbeitsweise der traditionellen Parlamente. »Bei genauer Prüfung jedoch führen sie alle anstatt auf die Schlußfolgerung, daß das Parlament abzuschaffen sei, im Gegenteil geraden und deutlichen Wegs auf die Notwendigkeit, es zu reformieren.« Und im selben Zusammenhang blitzt eine Begründung für europäische Integration auf, die bis heute nichts an Schärfe und Folgerichtigkeit verloren hat: »Was fehlt, sind Programme, deren Umfang den Größenverhältnissen des heutigen europäischen Daseins angemessen wäre.«

Man sei Provinzler, so schreibt weit vorgreifend Ortega, wenn man nichts sei als Deutscher, Franzose oder Engländer.

> »Hier, scheint mir, liegt die eigentliche Ursache für das Untergangsgefühl, das den Europäer quält. Also eine rein subjektive, in sich widerspruchsvolle Ursache, da ja sein Wahn, es gehe bergab mit ihm, gerade daraus entsteht, daß seine Fähigkeiten gewachsen

sind und sich an einer alten Organisation stoßen, in die sie nicht mehr hineinpassen.«

Den Nationalstaaten teilt Ortega viel Vergangenheit zu und wenig Zukunft. Als wäre es heute geschrieben, ist sein Plädoyer für Europa unverbraucht:

»Europa ist als Gefüge kleiner Nationen entstanden. Nationalgedanke und Nationalgefühl waren in gewissem Sinn seine bezeichnendsten Erfindungen. Nun sieht es sich gezwungen, sich selbst zu überwinden. Dies ist das Schema des gewaltigen Dramas, das sich in den kommenden Jahren abspielen wird. Wird sich Europa von den Überresten der Vergangenheit befreien können oder für immer ihr Gefangener bleiben? Denn es ist schon einmal in der Geschichte geschehen, daß eine große Zivilisation starb, weil sie ihre überlieferte Staatsidee nicht aufgeben konnte ...«

Dies alles muß man zusammen sehen mit Ortegas Plädoyer für den Parlamentarismus und einen aufgeklärten, visionären Liberalismus der Zukunft. Ihm ging es um ein Europa, das seine zivilisatorischen Grundlagen erneuerte und damit seine Zukunft meisterte. Nach dem Ersten und vor dem heraufziehenden Zweiten Weltkrieg hat Ortega y Gasset Mut zu liberaler Parlamentspolitik und europäischer Integrationspolitik bewiesen.

Aber man soll sich nicht täuschen: Er war sehr allein. Wie allein, das zeigte sich nicht nur in den Krisen und Katastrophen der dreißiger Jahre. Es zeigt sich auch heute, wenn man die Wirklichkeit Europas mit jener Idee vergleicht, die Ortega y Gasset vor mehr als 50 Jahren entwarf:

»Für die Europäer bricht jetzt die Zeit an, da Europa zu einer Nationalidee werden kann. Und der Glaube hieran ist viel weniger utopisch, als es im 11. Jahrhundert die Prophezeiung des einigen Spanien und Frankreich gewesen wäre. Je treuer der Nationalstaat des Abendlandes seinem wahren Wesen bleibt, um so geradliniger wird es sich zu einem gewaltigen Kontinent-Staat entwickeln.«

Wahrhaftig ein Werk, alles in allem, das so unzeitgemäß wie kraftvoll war. Es wurzelte in der Geschichte und gewann daraus Spannkraft und Perspektive, um die Zukunft zu umreißen:

> »Unser heutiges Dasein ist die Frucht eines Zwischenreiches, einer Lücke zwischen zwei Gestaltungen der historischen Herrschaft, der, die war, und der, die sein wird.«

Ist das Werk aber, wenn dem so ist, durch diese Existenz im »Zwischenreich« datiert und passé? Es ist datiert, indem es die Tendenzen der Politik, der Zivilisation und der Gesellschaft im Europa von 1930, retardierendes Moment vor der großen Katastrophe, mit Schärfe und Feinnervigkeit erfaßte. Aber es ist alles andere als vorbei und verweht: Denn die inneren Gefahren der Massendemokratie sind geblieben, die totalitäre Versuchung wechselt nur einige ihrer Fahnen und Farben; die Nationalstaaten haben eine unerwartete Renaissance durchgemacht, aber europäische Integration und Europa sind die große, nur halb erfüllte Aufgabe geblieben. Noch immer gilt, daß jeder Souverän in der Versuchung steht, die Grundlagen seiner Herrschaft zu zerstören, und nichts spricht dafür, daß die industriellen Demokratien unserer Tage von dieser historischen Regel ausgenommen wären. Ortega y Gasset hat dafür alle Belege gesammelt, alle Perspektiven gezeigt, alle Gefahren analysiert. Ihn zu lesen ist nicht Reise in die Vergangenheit, sondern Blick in die Zukunft.

Manches mußte er übersehen, da es noch kaum existierte. So zum Beispiel lernte er die elektronischen Medien erst in ihren handwerklichen Anfängen kennen, die totalitäre Diktatur allein in ihrer stalinistischen Radikalform und ihrer italienischen Kompromißform. Das Erlebnis des Dritten Reiches, das alle Gefahrenelemente der Société révoltée zusammenfaßte, lag noch in einer düsteren Zukunft. Das Syndrom der Modernität, welches Ortega 1930 zu entschlüsseln suchte, hatte sich noch nicht selbst decouvriert; die Dialektik der Aufklärung noch nicht den Siedepunkt erreicht. Globalisierung, Bipolarisierung und Nuklearisierung der Politik, die 1945 unübersehbar in die Erscheinung traten, waren ahnbar und wurden geahnt, aber noch nicht realisiert. Solange es aber an einer Welt- und Daseinsbeschreibung der europäischen Industriegesellschaft unter Einbeziehung aller dieser neuen Elemente in ihrem Amalgam mit den älteren mangelt – und wenig davon ist nach der Verödung des Marxismus und der Entmutigung des Liberalismus in Sicht –, wird man den »Aufstand der Massen« lesen als das, was er ist: eine der großen und bleibenden Diagnosen von Glanz und Elend der industriellen und massendemokratischen Zivilisation. Illusionslose Skepsis ist es, die Ortega lehrt:

> »Dies ist das Problem: Europa glaubt an keine sittlichen Normen mehr. Nicht daß der Massenmensch eine veraltete Moral zugunsten einer emportauchenden verachtete; im Zentrum seiner Lebensführung steht gerade der Anspruch, ohne moralische Bedingungen zu leben. Glaubt der Jugend kein Wort, wenn Ihr sie von der neuen Moral reden hört! Ich leugne rundweg, daß heute in irgendeinem Winkel des Erdteils eine Gruppe existiert, die ihr Gesetz von einem neuen Ethos empfinge. Wenn man von der neuen Moral spricht, begeht man eine Unmoral mehr, indem man auf die billigste Weise eine Moral einzuschmuggeln sucht.«

Was Ortega über die Modernität schrieb, hatte wenig mit dem Spanien von 1930 zu tun, viel aber mit dem Deutschland jener Zeit. In den Jahren des heraufziehenden Unheils ließ sich offenbar Entscheidendes von dem schon ahnen, was sich an den Deutschen, und nicht nur an ihnen, furchtbar bewahrheiten sollte. Eine alte und bewährte englische Lebensregel besagt: Don't forecast, if you can help it, especially the future. Nicht Prophezeiung war gemeint, als Ortega schrieb, sondern Diagnose. Liest man heute, nach einem halben Jahrhundert, seinen großen Essay wieder, so mag man fragen, ob seine Analyse ihre Geltung verloren hat für unsere Zeit. Glücklich der, so ist diese Betrachtung zu schließen, dem dazu nichts einfällt.

Lizenzausgabe für die Büchergilde Gutenberg
Frankfurt am Main und Wien
mit freundlicher Genehmigung der Deutschen Verlags-Anstalt, Stuttgart
Titel der spanischen Originalausgabe *La rebelión de las masas*

Autorisierte Übersetzung aus dem Spanischen von Helene Weyl

Reihengestaltung Klaus Detjen, Holm
Herstellung Margot Mayer-Guderian, Erzhausen
Satz Dörlemann Satz, Lemförde
Druck und Bindung Franz Spiegel Buch, Ulm
Printed in Germany 1997 · ISBN 3 7632 4610 X